초등 문해력 향상을 위한

탁상용
초등 한자

하루 6 단어

하루 **꼭!**

365

漢
字

반석
북스

부모 아버지와 어머니

father and mother

父
4획
8급

아버지 부

母
5획
8급

어머니 모

父자: 우리 父자는 관계가 돈독하다.

母녀: 두 사람이 닮은 것을 보니 母녀지간이다.

남녀 남자와 여자

男

man and woman

女

田
7획
7급Ⅱ

사내 남

女
3획
8급

여자 녀(여)

男女노소: 야구는 男女노소 구분 없이 누구나 다 즐길 수 있는 스포츠이다.

소女: 이웃집 소女는 머리를 곱게 땋았다.

자신의 이름이나 가족, 친구의 이름을 한자(漢字)로 써 보세요.

형제 | 형과 아우 또는 형제, 자매, 남매를 모두 이르는 말

 brother

儿
5획
8급

형 형

弓
7획
8급

아우 제

兄弟자매: 내 친구는 兄弟자매가
많은 집에서 자랐다.

弟자: 弟자들은 선생님께
존경을 표했다.

내외 | 안과 밖

 inside and outside 外

入
4획
7급Ⅱ

안 내

夕
5획
8급

바깥 외

실內: 실內 온도는 적정하게
유지하세요.

外모: 外모만으로 사람을
판단해서는 안 된다.

人山人海

사람 인 메 산 사람 인 바다 해

인산인해: 사람이 산을 이루고 바다를 이룬 것처럼 사람이 헤아릴 수 없이 많이 모임

自手成家

스스로 자 손 수 이룰 성 집 가

자수성가: 물려받은 재산 없이 스스로의 힘으로 재산을 모으고 큰 일을 이룸

事實無根

일 사 열매 실 없을 무 뿌리 근

사실무근: 사실과 전혀 다르거나 사실에 대한 근거가 없음

同苦同樂

한가지 동 쓸 고 한가지 동 즐길 락

동고동락: 고생과 즐거움을 함께함

教學相長

가르칠 교 배울 학 서로 상 길 장

교학상장: 가르치고 배우면서 스승과 제자가 함께 성장함

千萬多幸

일천 천 일만 만 많을 다 다행 행

천만다행: 아주 다행함

深思熟考

깊을 심 생각 사 익을 숙 생각할 고

심사숙고: 깊이 생각함

進退兩難

나아갈 진 물러날 퇴 두 량(양) 어려울 난

진퇴양난: 이러지도 저러지도 못하게 궁지에 빠짐

방향 향하는 쪽

 direction

方
4획
7급Ⅱ

모 **방**/본뜰 방

口
6획
6급

향할 향

사方팔方: 내 노래 소리에
사方팔方에서 사람들이 몰려들었다.

向上: 매일 배운 내용을 복습했더니
성적이 向上되었다.

좌우 왼쪽과 오른쪽

left and
right

工
5획
7급Ⅱ

왼쪽 **좌**

口
5획
7급Ⅱ

오른쪽 **우**

左지右지: 나의 삶이 어머니에 의해
左지右지 되는 것 같다.

右왕左왕: 지현이는 인파 속에서 출
구를 찾기 위해 右왕左왕하고 있었다.

주어진 문장에 알맞은 한자를 〈보기〉에서 찾아 빈칸을 완성하세요.

〈보기〉 繼 權 及 納 妙 微 複 績 收 逆
容 圍 雜 轉 脫 退 波 包 限 吸

1. 우리 팀은 지고 있다가 후반에 ☐☐ 의 기회를 잡았다.
역　전

2. 어젯밤부터 오늘 아침까지 ☐☐ 눈이 내리고 있다.
계　속

3. 나는 그의 말을 듣고 ☐☐ 한 감정의 변화를 느꼈다.
미　묘

4. 면으로 된 속옷이 땀의 ☐☐ 가 잘 된다.
흡　수

5. 유명인들의 말은 ☐☐ 효과가 매우 크다.
파　급

天　the sky and the earth　地

大
4획
7급

하늘 천

土
6획
7급

땅 지

天국: 자연이 잘 보존된 숲은 동물들에게 天국과 같은 곳이다.

地방: 너는 어느 地방에 사니?

宇　space　宙

宀
6획
3급 II

집 우

宀
8획
3급 II

집 주

宇宙선: 우주 비행사는 환하게 웃으며 宇宙선에 올랐다.

宇宙인: 윤하는 宇宙인으로 뽑혀서 달을 탐험하는 게 꿈이다.

권한 권리나 권력을 행사할 수 있는 범위

權 right, authority 限

木
21획
4급Ⅱ

저울추 권/권세 권

ß
9획
4급Ⅱ

한할 한

기權: 이번 경기의 상대가 부상으로 인해 기權했다.

限정: 이번 신입 사원 모집 인원은 20명으로 限정된다.

파급 어떤 일의 영향이 차차 다른 데로 미침

波 spread, extend; influence 及

氵
8획
4급Ⅱ

물결 파, 방죽 피

又
4획
3급Ⅱ

미칠 급

波도: 해변으로 밀려온 波도가 바위에 부딪혀 부서진다.

언及: 영화 감독이 곧 개봉될 작품의 줄거리를 간략하게 언及했다.

강산 강과 산, 자연의 경치

river and mountain; scenery

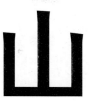

氵
6획
7급Ⅱ

강 강

山
3획
8급

메 산

한江: 종로에서 뺨 맞고 한江에 가서 눈 흘긴다.

빙山: 항해 중에는 빙山에 부딪히지 않도록 주의해야 한다.

호수 땅이 크게 패고 물이 괸 곳

湖

lake

氵
12획
5급

호수 호

水
4획
8급

물 수

湖반: 춘천은 호수가 아름다운 湖반 관광지이다.

빙水: 나는 팥빙水보다 과일빙水가 더 좋다.

용납 너그러운 마음으로 받아들임

tolerate,
admit,
approve

宀
10획
4급Ⅱ
얼굴 용

糸
10획
4급
들일 납

容量: 첨부한 파일의 容량이 너무 커서 메일 전송이 오래 걸린다.

納得: 나는 왜 그런 결정을 내렸는지 納득할 수 없었다.

포위 주위를 둘러쌈

siege,
surrounding

勹
5획
4급Ⅱ
쌀 포/꾸러미 포

囗
12획
4급
에워쌀 위

包容: 이제는 다양한 문화를 인정하고 包용할 줄 아는 자세가 필요하다.

周圍: 지구는 1년을 주기로 태양 주圍를 돌고 있다.

주어진 문장에 알맞은 한자를 <보기>에서 찾아 빈칸을 완성하세요.

<보기>

| 江 | 男 | 內 | 女 | 母 | 方 | 父 | 山 | 水 | 外 |
| 右 | 宇 | 弟 | 左 | 宙 | 地 | 天 | 向 | 兄 | 湖 |

1. 나의 [　　][　　] 님께서는 연세가 많으시다.
　　　　부　　모

2. 나는 지금까지 집과 반대 [　　][　　] 으로 걷고 있었다.
　　　　　　　　　　　방　　향

3. 우리 집 앞에는 넓은 [　　][　　] 가 있다.
　　　　　　　　호　　수

4. 찻길을 건널 때는 항상 [　　][　　] 를 살펴라.
　　　　　　　　　좌　　우

5. 나는 꿈에서 [　　][　　] 여행을 했다.
　　　　　우　　주

탈퇴 소속된 모임이나 단체에서 나옴

脱 drop out, quit 退

月
11획
4급
벗을 탈

辶
10획
4급Ⅱ
물러날 퇴

脫모: 젊은 사람 중에도 脫모로 고민하는 사람이 많다.

退장: 축구 경기 중에 우리 팀 선수가 경고 누적으로 退장당했다.

흡수 밖으로부터 안으로 빨아들임

吸 absorption 收

口
7획
4급Ⅱ
마실 흡

攵
6획
4급Ⅱ
거둘 수

吸연: 건물 내 모든 곳에서 吸연을 금지하고 있다.

收확: 올해는 태풍 피해로 인해 농작물의 收확이 작년보다 감소했다.

一	하나 일 부수 一 획 1획	六	여섯 육 부수 八 획 4획
二	둘 이 부수 二 획 2획	七	일곱 칠 부수 一 획 2획
三	셋 삼 부수 一 획 3획	八	여덟 팔 부수 八 획 2획
四	넷 사 부수 囗 획 5획	九	아홉 구 부수 乙 획 2획
五	다섯 오 부수 二 획 4획	十	열 십 부수 十 획 2획

계속 끊임없이 잇따라

繼 continuously; continue, keep 續

糸
20획
4급

이을 계

糸
21획
4급Ⅱ

이을 속

繼승: 발해는 고구려의 전통을 繼승한 나라이다.

상續: 나와 동생은 유산 相續 문제로 싸우고 있다.

복잡 일이 여러 가지로 얽혀 있음

複 complicated 雜

衤
14획
4급

겹칠 복, 겹칠 부

隹
18획
4급

섞일 잡

複도: 우리 반 교실은 3층 複도 제일 끝에 있다.

雜담: 쉬는 시간에 교실에서 친구들과 雜담을 나누었다.

세상 모든 사람이 사는 곳

世
world
—
5획
7급II
인간 세/대 세

上
—
3획
7급II
윗 상

世대: 나는 아버지와 대화할 때
세대 차이를 느낀다.

정上: 우리는 산 정상까지
쉬지 않고 한 번에 올라갔다.

인구 사람의 숫자

人
population
人
2획
8급
사람 인

口
3획
7급
입 구

주人: 이 가방의 주인은 누구니?

이목口비: 나는 이목구비가
뚜렷하다.

미묘 뚜렷하지 않고 묘함

微 delicacy 妙

彳
13획
3급Ⅱ
작을 미

女
7획
4급
묘할 묘

微세: 오늘 대기 중 微세 먼지 농도가 높아서 마스크를 쓰고 나갔다.

교妙: 그의 거짓말이 교妙하여서 아무도 눈치채지 못했다.

역전 일이나 경기의 흐름이 반대로 뒤집힘

逆 reversal 轉

辶
10획
4급Ⅱ
거스를 역

車
18획
4급
구를 전

逆경: 나에게는 逆경을 헤쳐 나갈 힘이 있다고 믿는다.

호轉: 간호사의 도움으로 어머니의 병이 차츰 호轉되고 있다.

모국 자기가 출생한 나라

 motherland

母
5획
8급

어머니 모

口
11획
8급

나라 국

母교: 나는 母교에
장학금을 기부했다.

대한민國: 나는 대한민國 사람이다.

주소 살고 있는 곳

住 address 所

亻
7획
7급

살다 주

戶
8획
7급

곳(일정한 곳이나 지역) 소

住민: 나는 이 아파트에 살고 있는
住민이다.

휴게所: 우리는 고속 도로
휴게所에 잠깐 들렀다.

卓	높을 탁 부수 十 획 8획	寒	찰 한 부수 宀 획 12획
炭	숯 탄 부수 火 획 9획	許	허락할 허 부수 言 획 11획
板	널빤지 판 부수 木 획 8획	湖	호수 호 부수 氵 획 12획
敗	패할 패 부수 攵 획 11획	患	근심 환 부수 心 획 11획
河	물 하 부수 氵 획 8획	黑	검을 흑 부수 黑 획 12획

천만 만의 천 배

ten million

千
十
3획
7급
일천 천

萬
艹
12획
8급
일만 만

일사千리: 그녀가 회의에서 말을 꺼내자 그 다음은 일사千리였다.

千萬다행: 이만하기를 千萬다행이다.

시민 그 도시에 사는 사람

citizen

市
巾
5획
7급Ⅱ
저자 시

民
民
5획
8급
백성 민

市장: 오후에는 엄마랑 市장에 갈 것이다.

국民: 올해 개최되는 올림픽에 온 국民의 관심이 쏠려있다.

주어진 문장에 알맞은 한자를 <보기>에서 찾아 빈칸을 완성하세요.

<보기> 去 格 極 端 擔 連 負 損 鎖 嚴
惡 越 電 接 除 憎 鐵 觸 卓 破

1. 인터넷으로 냉장고 안의 냄새를 ☐☐ 하는 방법을 검색했다.
제　거

2. 할아버지의 장례식이 ☐☐ 한 분위기 속에서 진행되었다.
엄　숙

3. ☐☐ 사고로 인해 운전자들끼리 싸움이 났다.
접　촉

4. 내 친구는 글을 쓰는 능력이 ☐☐ 하다.
탁　월

5. 부주의로 인한 기기 ☐☐ 의 경우 수리비를 직접
파　손
☐☐ 하셔야 합니다.
부　담

출입 나감과 들어감

go in and out

凵
5획
7급

나가다 출

入
2획
7급

들다/들이다 입

出구: 백화점으로 가려면 반대편 出구로 나가세요.

入구: 우리는 이따가 극장 入구에서 만나자.

휴일 일을 쉬고 노는 날

holiday

亻
6획
7급

쉬다 휴

日
4획
8급

날 일

休가: 나는 올 여름에 외국에서 休가를 보낼 생각이다.

공休日: 우리 동네 도서관은 공休日에 문을 닫는다.

전철 전기 철도

電   subway   鐵

雨
13획
7급II

번개 전

金
21획
5급

쇠 철

電원: 퇴근 시간이 다가오자 모두 컴퓨터의 電원을 끄기 시작했다.

지하鐵: 도로가 막힐 시간에는 지하鐵을 이용하는 것이 더 낫다.

접촉 서로 맞닿음

接   contact   觸

扌
11획
4급II

이을 접

角
20획
3급II

닿을 촉

接속: 원격 수업을 하다가 갑자기 인터넷 接속이 끊겼다.

觸감: 새로 산 코트는 觸감이 부드럽고 착용감도 좋다.

반년 일년의 절반

半 half a year 年

十
5획
6급Ⅱ

반 반

절半: 올해도 절半이 지났다.

干
6획
8급

해 년(연)

年말: 나는 가족과 함께 늘 외국에서 年말을 보냈다.

월광 달빛

月 moonlight 光

月
4획
8급

달 월

생년月일: 여기에 당신의 이름과 생년月일을 쓰세요.

儿
6획
6급Ⅱ

빛 광

야光: 새로 산 시계에는 야光 기능이 있어서 밤에도 잘 보인다.

증오 아주 미워함

 hatred 惡

忄
15획
3급II

心
12획
5급II

미울 증

악할 **악**, 미워할 **오**

애憎: 그 친구와 나는 서로 미워할 수 없는 애憎의 관계이다.

혐惡: 돈이면 다 된다는 식의 생각이 혐惡스러웠다.

연쇄 어떤 사물이나 현상이 사슬처럼 이어져 관련을 맺음

 series 鎖

辶
11획
4급II

金
18획
3급II

잇닿을 **련(연)**

쇠사슬 **쇄**

連계: 윤동주의 시들은 시대적 상황과 連계되어 있다.

봉鎖: 전염병이 퍼지자 각국에서는 주요 도시를 봉鎖했다.

주어진 문장에 알맞은 한자를 〈보기〉에서 찾아 빈칸을 완성하세요.

〈보기〉 光 口 國 年 萬 母 民 半 上 世
所 市 月 人 日 入 住 千 出 休

1. [　　][　　] 에는 참 신기한 사람들이 많다.
　　세　　상

2. 여기는 미성년자의 [　　][　　] 이 금지된 곳입니다.
　　　　　　　　　　출　　입

3. 아버지가 출장 가신지 [　　][　　] 이 지났다.
　　　　　　　　　　반　　년

4. 상품을 주문할 때는 정확한 [　　][　　] 를 적어 주세요.
　　　　　　　　　　　　주　　소

5. 서울의 [　　][　　] 수는 약 [　　][　　] 명이다.
　　　　인　　구　　　　천　　만

극단 맨 끝

極 pole 端

木
13획
4급 II
극진할 극/다할 극

立
14획
4급 II
끝 단

極한: 인간은 極한의 상황에서 본성이 드러난다고 한다.

端서: 목격자는 수사에 중요한 端서를 제공했다.

탁월 다른 사람보다 월등하게 뛰어남

卓 outstanding, superior 越

十
8획
5급
높을 탁

走
12획
3급 II
넘을 월

卓구: 나는 卓구 칠 때 빠른 스매싱 공격을 잘한다.

추越: 큰 차가 비상등도 켜지 않은 채 우리 차를 추越했다.

日	날 일 부수 日 획 4획	山	메 산 부수 山 획 3획
月	달 월 부수 月 획 4획	火	불 화 부수 火 획 4획
木	나무 목 부수 木 획 4획	金	쇠 금, 성씨 김 부수 金 획 8획
土	흙 토 부수 土 획 3획	王	임금 왕 부수 王 획 4획
水	물 수 부수 水 획 4획	民	백성 민 부수 民 획 5획

파손 물건이 깨져서 못 쓰게 됨

破 damage, break 損

石
10획
4급II

깨뜨릴 파

扌
13획
4급

덜 손

破壞: 무분별한 벌목은 심각한 산림 破壞의 원인이다.

損害: 영업 시간 제한이 생기면서 가게에 損害가 크다.

부담 의무나 책임을 짐

負 burden 擔

貝
9획
4급

질 부

扌
16획
4급II

멜 담

自負心: 나는 내 일에 대한 自負心이 대단하다.

擔任: 스승의 날을 맞아 擔任 선생님께 편지를 썼다.

문화 세상이 깨어 살기 좋아짐

文 culture 化

文
4획
7급

글월 문

匕
4획
5급Ⅱ

될 화

文학: 우리 언니는 클래식 음악과
文학 작품을 좋아한다.

변化: 너는 심경에
어떤 변化가 있었니?

수족 손과 발

手 hands and feet 足

手
4획
7급Ⅱ

손 수

足
7획
7급Ⅱ

발 족

박手: 우리나라 국가대표가
입장할 때 박手가 쏟아졌다.

부足: 나는 요즘 시험 공부하느라
수면 부足으로 피곤하다.

엄숙 분위기가 장엄하고 정숙함

 solemn 肅

口
20획
4급
엄할 엄

聿
13획
4급
엄숙할 숙

嚴격: 나의 부모님께서는
예의범절에 嚴격하시다.

肅연: 현충일 행사장의 분위기는
肅연했다.

제거 없애 버림

 removal, elimination 去

阝
10획
4급Ⅱ
덜 제

厶
5획
5급
갈 거

삭除: 나는 주기적으로 광고나
스팸 문자를 삭除한다.

수去: 유리, 플라스틱, 캔 등은
분리수去 대상이다.

산림 산과 숲

山
3획
8급

메 산

forest

林
8획
7급

수풀 림(임)

화山: 화山 폭발이 일어나면 마을 전체가 위험해 질 수 있다.

林업: 나무숲이 우거진 지역에서는 林업이 발달하였다.

공중 하늘, 하늘과 땅 사이

穴
8획
7급Ⅱ

빌 공

the air

|
4획
8급

가운데 중

空군: 내 동생은 空군에 입대해서 전투기 조종사가 되기를 원한다.

中앙: 우리집 거실 中앙에 둘 탁자가 필요하다.

罪	허물 죄 부수 罒 획 13획	最	가장 최 부수 曰 획 12획
他	다를 타 부수 亻 획 5획	祝	빌 축 부수 示 획 10획
唱	부를 창 부수 口 획 11획	致	이를 치 부수 至 획 10획
鐵	쇠 철 부수 金 획 21획	則	법칙 칙, 곧 즉 부수 刂 획 9획
初	처음 초 부수 刀 획 7획	打	칠 타, 칠 정 부수 扌 획 5획

선조 조상

 ancestor

儿
6획
8급

먼저 선

示
10획
7급

할아버지/조상 조

先생님: 오늘 길에서 우연히
담임 **先**생님을 만났다.

祖부모: 최근에는 손자, 손녀를
돌보는 **祖**부모가 늘고 있다.

사망 사람이 죽음

死 death 亡

歹
6획
6급

죽을 사

亠
3획
5급

망할 망

구**死**일생: 그 병사는 전쟁터에서
구**死**일생으로 살아 돌아왔다.

亡신: 나는 모르면서 아는 체하다가
亡신만 당했다.

주어진 문장에 알맞은 한자를 〈보기〉에서 찾아 빈칸을 완성하세요.

〈보기〉 監 講 經 帶 督 歷 滿 運 師 聲
勢 笑 應 轉 早 退 飽 爆 虛 呼

1. 다이어트 음식은 적게 먹어도 [　　][　　] 감을 느낄 수 있게
만든다.
　　　　　　　　　포　　만

2. 나는 고등학교를 졸업하자마자 [　　][　　] 면허를 땄다.
　　　　　　　　　　　　운　　전

3. 종업원은 일하는 내내 [　　][　　] 를 잃지 않았다.
　　　　　　미　　소

4. 어제 몸살 기운이 있어서 [　　][　　] 를 했다.
　　　　　　　　조　　퇴

5. 나는 입시 학원 [　　][　　] 로 일한 [　　][　　] 까지 포함하면
10년이 넘는다.　강　사　　　　　　경　　력

유명 이름이 널리 알려져 있음

famous

月
6획
7급

있을 유

口
6획
7급Ⅱ

이름 명

소有: 여기 있는 주택은
국가 소有이다.

동名이인: 내 이름은 흔해서
동名이인이 많다.

사촌 아버지의 형제가 낳은 아들 딸

cousin

口
5획
8급

넷 사

寸
3획
8급

마디 촌

四방: 새벽이 되자 四방은
쥐 죽은 듯 고요하다.

삼寸: 막내 삼寸은 우리 가족과
함께 살고 있다.

강사 강의를 하는 사람

lecturer

言
17획
4급 II

외울 강, 얽을 구

巾
10획
4급 II

스승 사

개講: 開講 후 일주일 동안 수강 과목 변경을 할 수 있다.

교師: 나는 教師가 되고 싶어서 사범대에 진학했다.

허세 실속 없이 과장되어 드러난 기세

bluff, show off

虍
12획
4급 II

빌 허

力
13획
4급 II

형세 세

공虛: 여자 친구와 이별 후 마음이 空虛한 날이 계속되었다.

대勢: 내가 좋아하는 프로그램에 大勢인 연예인들이 많이 출연했다.

자수 죄지은 사람이 자진해서 죄를 신고함

turn oneself in

自
6획
7급Ⅱ

스스로 자

首
9획
5급Ⅱ

머리 수

自유: 이번 여름 방학에는 학교를 벗어나서 自유를 만끽할 것이다.

首도: 대한민국의 首도는 서울이다.

양심 사람으로서 마땅히 가져야 할 바르고 착한 마음

conscience

良
7획
5급Ⅱ

어질 량(양)

心
4획
7급

마음 심

불良: 나는 태도 불良으로 선생님께 경고를 받았다.

중心: 내 앞에 있던 아주머니께서 갑자기 중心을 잃고 쓰러졌다.

성대 후두에 있는 소리를 내는 기관

vocal cords

耳
17획
4급Ⅱ

소리 성

巾
11획
4급Ⅱ

띠 대

聲악: 조수미는 대한민국의 유명한 소프라노 聲악가이다.

휴帶: 공연을 볼 때는 휴帶 전화가 울리지 않게 하는 것이 예의이다.

경력 여러 일을 겪어 옴 또는 겪은 일

career

糸
13획
4급Ⅱ

지날 경/글 경

止
16획
5급Ⅱ

지날 력(역)

성經: 나는 마음이 불안할 때 성經 구절을 읽는다.

이歷서: 회사에서 직원을 뽑을 때 자기소개서와 이歷서를 요구한다.

주어진 문장에 알맞은 한자를 〈보기〉에서 찾아 빈칸을 완성하세요.

〈보기〉 化 空 林 亡 名 文 四 死 山 先
手 首 心 良 有 自 祖 足 中 寸

1. 철새들이 □□ 을 마음껏 날아다니고 있다.
공   중

2. 내 친구는 인터넷 개인 방송을 통해 □□ 해졌다.
유   명

3. 우리 할아버지께서는 6.25 전쟁 중에 □□ 하셨다.
사   망

4. 해외 여행을 통해 새로운 □□ 를 접할 수 있다.
문   화

5. 범인은 자신의 □□ 에 따라 □□ 를 결심했다.
양   심   자   수

한자로 교과서 단어 읽기

운전 기계나 자동차를 움직이게 함

運 driving 轉

辶
13획
6급Ⅱ

옮길 운

車
18획
4급

구를 전

기運: 주말에 푹 쉬었더니
기運이 난다.

반轉: 어제 본 영화의 결말에
반轉이 있어서 엄청 재밌었다.

조퇴 정해진 시간 전에 물러남

 leave school, work early

日
6획
4급Ⅱ

이를 조

辶
10획
4급Ⅱ

물러날 퇴

무만간: 무만간 제가 직접
찾아 뵙겠습니다.

후退: 과감히 2보 전진을 위한
1보 후退를 결정했다.

人	사람 인 부수 人 획 2획	東	동녘 동 부수 木 획 8획
父	아버지 부 부수 父 획 4획	西	서녘 서 부수 西 획 6획
母	어머니 모 부수 母 획 5획	南	남녘 남 부수 十 획 9획
女	여자 녀(여) 부수 女 획 3획	北	북녘 북 부수 匕 획 5획
兄	형 형 부수 儿 획 5획	年	해 년(연) 부수 干 획 6획

호응 부름에 응답함

呼 response, answer

口
8획
4급 II

부를 호, 아 하

應

心
17획
4급 II

응할 응

呼吸: 내 친구는 달려왔는지
呼吸이 가쁘다.

應답: 모든 발표가 끝난 후에
질의應답 시간을 갖겠습니다.

미소 소리를 내지 않고 웃음

微 smile 笑

彳
13획
3급 II

작을 미

竹
10획
4급 II

웃음 소

희微: 종이 위에 글씨가 희微해서
잘 보이지 않는다.

담笑: 보통 저녁 식사 시간에
가족과 함께 담笑를 나눈다.

학생 공부를 배우는 사람

學 student **生**

子
16획
8급
배울 학

生
5획
8급
날 생

學문: 언니는 대학원에
진학하고 나서 學문에 열중한다.

生각: 나는 가끔씩
어릴 때 生각이 난다.

교가 학교의 교풍을 나타내기 위하여 제정하여 부른 노래

校 school
song **歌**

木
10획
8급
학교 교

欠
14획
7급
노래 가

학校: 매일 친구와 함께
학교에 간다.

歌수: 식당에서 내가 제일 좋아하는
歌수의 노래가 나오고 있다.

감독 일이 잘못되지 않게 단속하거나 지휘함 또는 그런 일을 맡은 사람

監 督

supervisor, director

皿
14획
4급Ⅱ

볼 감

目
13획
4급Ⅱ

감독할 독

교監: 학교 다닐 때 교監이었던 선생님께서 올해 교장이 되셨다.

督촉: 삼촌은 명절마다 결혼하라는 가족의 督촉에 시달린다.

포만 넘칠 정도로 가득함

飽 滿

full

食
14획
3급

배부를 포

氵
14획
4급Ⅱ

찰 만

飽화: 서울시 인구 밀도는 飽화 상태이다.

비滿: 설탕이 많이 든 음식은 비滿을 유발한다.

합격 시험에 뽑힘

合 pass 格

口
6획
6급

합할 **합**

木
10획
5급 II

격식 **격**

合계: 지금까지 쓴 돈의 합계가 이번 달 용돈을 초과했다.

성格: 내 성格은 쾌활하고, 낙천적이다.

성공 뜻했던 바를 이룸

成 success 功

戈
6획
6급 II

이룰 **성**

力
5획
6급 II

공 **공**

成장: 나는 또래에 비해 成장이 매우 빠르다.

功로: 아버지께서 은퇴하실 때 功로상을 받았다.

耳	귀 이	貯	쌓을 저
	부수 耳 획 6획		부수 貝 획 12획
因	인할 인	赤	붉을 적
	부수 口 획 6획		부수 赤 획 7획
再	두 재	停	머무를 정
	부수 冂 획 6획		부수 亻 획 11획
災	재앙 재	操	잡을 조
	부수 火 획 7획		부수 扌 획 16획
爭	다툴 쟁	終	마칠 종
	부수 爫 획 8획		부수 糸 획 11획

정답 옳은 답, 맞는 답

正 correct answer 答

止
5획
7급II
바를 정

艹
12획
7급II
대답 답

수正: 내 짝꿍은 내 답을 몰래 보고,
자신의 것을 수正했다.

대答: 정우는 선생님이 이름을
부르자 큰 소리로 대答했다.

편안 편안하게 다스림

便 comfort 安

亻
9획
7급
편할 편

宀
6획
7급II
편안 안

불便: 의자가 고장이 나서
너무 불便하다.

安심: 나는 문단속을 한 후에
安심하고 잠들었다.

주어진 문장에 알맞은 한자를 〈보기〉에서 찾아 빈칸을 완성하세요.

〈보기〉 刻 鑑 起 答 率 別 複 想 息 深
誤 引 適 政 製 治 快 割 確 休

1. ☐☐ 한 실내 공기를 위해 공기 청정기를 설치했다.
   쾌 적

2. 백화점은 지금 ☐☐ 행사 중이다.
   할 인

3. 도시의 대기 오염은 점점 ☐☐ 해지고 있다.
   심 각

4. 감기에 걸렸을 때는 충분한 ☐☐ 을 취해야 한다.
   휴 식

5. 선생님이 실수로 정답을 ☐☐ 으로 채점하셨다.
   오 답

평화 평온하고 화목함

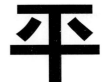

peace

干
5획
7급II

평평할 평

口
8획
6급II

화할 화

平생: 그는 平생 모은 재산을 국가에 기부했다.

조和: 새로 꾸민 방의 벽지 색과 가구가 조和롭다.

작품 만든 물건, 소설, 시, 그림따위

a piece of work

亻
7획
6급II

지을 작

口
9획
5급II

물건 품

시作: 첫 수업은 9시에 시作한다.

品질: 이 옷은 品질이 좋은데 너무 비싸다.

감별 보고 구별함

鑑 distinguish 別

金
22획
3급Ⅱ

거울 감

刂
7획
6급

나눌 별/다를 별

鑑상: 전시회에서 작품을 보고 느낀 鑑상을 쓰는 것이 숙제다.

別명: 나는 이름 대신 別명으로 불리는 것이 싫다.

쾌적 기분이 상쾌함

快 pleasant, nice 適

忄
7획
4급Ⅱ

쾌할 쾌

辶
15획
4급

맞을 적

불快: 그의 농담에 웃었지만 속으로는 불快했다.

適성: 適성에 맞는 학과를 선택하기 위해 진로 상담을 받으려고 한다.

청년 젊은이

青

青
8획
8급

푸를 청

the young,
youth

年

干
6획
8급

해 년(연)

青춘: 내가 나이는 들었지만
마음은 여전히 青춘이다.

작年: 우리 작年 여름방학에
어디로 여행을 갔었지?

아동 어린 아이

兒

儿
8획
5급 II

아이 아

child

童

立
12획
6급 II

아이 동

소兒: 여기서 제일 가까운 소兒과가
어디에 있나요?

童심: 우리는 놀이공원에서
童심으로 돌아가 즐겁게 놀았다.

심각 상태가 매우 중대함

深 serious 刻

ㅅ
11획
4급Ⅱ

깊을 심

刂
8획
4급

새길 각

深도: 이 다큐멘터리는 환경 오염 문제를 深도 있게 다룬다.

조刻: 로댕은 '생각하는 사람'을 만든 유명한 조刻가이다.

복제 원래의 것과 똑같은 것을 만듦

複 copy, reproduce 製

衤
14획
4급

겹칠 복, 겹칠 부

衣
14획
4급Ⅱ

지을 제

중複: 중複되는 부분을 생략하고 글을 간결하게 쓰면 좋겠다.

수製: 반려견을 위한 수製 간식이 인기를 끌고 있다.

주어진 문장에 알맞은 한자를 〈보기〉에서 찾아 빈칸을 완성하세요.

〈보기〉 歌 格 功 校 年 答 童 生 成 兒
　　　　安 作 正 靑 便 平 品 學 合 和

1. 그의 ⬚⬚ 은 비싼 값에 팔렸다.
　　　　작　품

2. 실패는 ⬚⬚ 의 어머니이다.
　　　　성　공

3. 어린애가 어느새 자라서 ⬚⬚ 이 되었다.
　　　　　　　　청　년

4. 부모님께서는 나의 대학 ⬚⬚ 소식에 기뻐하셨다.
　　　　　　　　합　격

5. ⬚⬚ 들이 큰 소리로 ⬚⬚ 를 부르고 있다.
　　학　생　　　　　　교　가

339 / 365

할인 값에서 얼마를 뺌

割 discount 引

丂
12획
3급Ⅱ
벨 할

弓
4획
4급Ⅱ
끌 인

割부: 우리는 割부로 가전 제품을 구입했다.

유引: 낚시를 할 때 화려한 미끼로 물고기를 유인한다.

휴식 활동을 멈추고 쉼

休 break, rest 息

亻
6획
7급
쉬다 휴

心
10획
4급Ⅱ
쉴 식

休전: 남북을 가르는 休전선 부근은 민간인이 출입할 수 없다.

자息: 부모는 자나깨나 자息 걱정이다.

大	클 대	門	문 문
	부수 大 획 3획		부수 門 획 8획
中	가운데 중	靑	푸를 청
	부수 丨 획 4획		부수 靑 획 8획
小	작을 소	寸	마디 촌
	부수 小 획 3획		부수 寸 획 3획
先	먼저 선	外	바깥 외
	부수 儿 획 6획		부수 夕 획 5획
生	날 생	長	길 장
	부수 生 획 5획		부수 長 획 8획

오답 잘못된 대답

誤 wrong answer 答

言
14획
4급II

그르칠 **오**

대답 **답**

竹
12획
7급II

誤審: 심판의 誤審에 대해 감독이 거칠게 항의했다.

答狀: 나는 군대 간 친구로부터 온 편지에 答狀을 썼다.

상기 지난 일을 다시 생각해 냄

想 remind 起

心
13획
4급II

생각 **상**

일어날 **기**

走
10획
4급II

冥想: 나는 아침마다 조용히 명상을 한다.

喚起: 선생님은 아이들의 주의를 환起하기 위해 짧은 영상을 보여주셨다.

전부 모두, 다

all,
everything

入
6획
7급II

온전할 전

ß
11획
6급II

떼 부/거느릴 부

안全: 자동차 탈 때는 항상
안全벨트를 매야 한다.

일部: 도로의 일部 구간이
공사 중이라 차가 밀린다.

휴지 못 쓰게 된 종이

garbage;
toilet
paper

亻
6획
7급

쉴 휴

糸
10획
7급

종이 지

休紙통: 쓰레기들을 주워
休紙통에 버리세요.

편紙: 나와 동생은 어버이날마다
부모님께 편紙를 쓴다.

정치 나라를 다스림

政 politics 治

攵
9획
4급II

정사 **정**

氵
8획
4급II

다스릴 **치**

政책: 사회 소외 계층을 위한 복지 政책이 시급하다.

治안: 우리나라 도시들은 비교적 治안이 잘되어 있다.

확률 어떤 일이 일어날 가능성을 나타낸 수

確 probability 率

石
15획
4급II

굳을 **확**

玄
11획
3급II

거느릴 **솔**, 비율 **률(율)**

確진: 코로나19 완치 후 다시 確진 판정을 받은 사례가 있다.

환率: 우리나라 화폐와 다른 나라 화폐의 교환 비율을 환率이라고 한다.

재료 물건을 만드는 감

材 material 料

木
7획
5급Ⅱ

재목 재

斗
10획
5급

헤아릴 료(요)

인材: 내가 가고 싶은 대학에는
훌륭한 인材들이 많다.

料리: 아버지는 料리하는 것을
좋아하신다.

식사 음식을 먹음

 meal

食
9획
7급Ⅱ

밥 식/먹을 식

亅
8획
7급Ⅱ

일 사

食당: 친구들과 함께 맛집으로
유명한 食당에 갔다.

군事: 모의 군事 훈련에서는 가상의
적에 대한 공격과 방어를 한다.

曜	빛날 요 부수 日 획 18획	院	집 원 부수 阝 획 10획
浴	목욕할 욕 부수 氵 획 10획	願	원할 원 부수 頁 획 19획
牛	소 우 부수 牛 획 4획	位	자리 위, 임할 리(이) 부수 亻 획 7획
雄	수컷 웅 부수 隹 획 12획	止	그칠 지 부수 止 획 4획
原	언덕 원/근원 원 부수 厂 획 10획	善	착할 선 부수 口 획 12획

이용 이롭게 씀

利 use 用

리
7획
6급II

이로울 리(이)

用
5획
6급II

쓸 용

利익: 정은이는 늘 자기 자신보다 다른 사람들의 利익을 우선한다.

用지: 복사기에서 用지가 부족하다는 경고음이 울렸다.

현재 지금

現 now 在

王
11획
6급II

나타날 현

土
6획
6급

있을 재

現대: 現대 사회는 과거보다 더 빠르게 변화하고 있다.

소在: 경찰은 용의자의 소在를 파악하고 있는 중이다.

주어진 문장에 알맞은 한자를 〈보기〉에서 찾아 빈칸을 완성하세요.

〈보기〉 覺 監 擊 格 關 補 夫 婦 視 壓
       完 資 場 節 知 職 縮 蟲 衝 齒

1. 나는 무릎 ☐☐ 에 염증이 생겨서 걸을 때마다 아프다.
       관 절

2. 교수님의 조언을 반영하여 논문의 부족한 부분을 ☐☐ 했다.
                                        보 완

3. 부모님은 ☐☐ 동료로 만나 결혼하셨다.
        직 장

4. ☐☐ 가 생겼는지 어젯밤에 치통으로 고생했다.
   충 치

5. 가까운 친구의 사고 소식에 큰 ☐☐ 을 받았다.
                      충 격

오전 밤 12시부터 낮 12시까지의 사이

午 morning 前

十
4획
7급II

낮 **오**

刂
9획
7급II

앞 **전**

午후: 오늘 午후 6시에 약속이 있다.

前후: 새로운 담임 선생님은 40세 前후로 보인다.

가족 주로 부부를 기초로 한 가정을 이루는 식구

 family 族

宀
10획
7급II

집 **가**

方
11획
6급

겨레 **족**

家정: 배낭 여행 중에 우연히 한 家정에 초대받았다.

민族: 6.25 전쟁으로 우리 민族은 둘로 갈라 졌다.

충치 세균으로 이가 침식되는 질환

cavity

虫
18획
4급Ⅱ

벌레 충

齒
15획
4급Ⅱ

이 치

기생蟲: 기생蟲은 우리 몸속에
살면서 영양분을 빼앗아간다.

齒약: 齒약이 얼마 남지 않았다.

부부 결혼한 한 쌍을 아울러 이르는 말

husband and
wife, married
couple

妇

大
4획
7급

지아비 부

女
11획
4급Ⅱ

며느리 부

형夫: 언니로부터 장래 형夫가
될 사람을 소개받았다.

고婦: 고婦간 갈등을 그린
드라마가 많다.

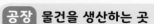

공장 물건을 생산하는 곳

工 factory 場

工
3획
7급Ⅱ

장인 공

土
12획
7급Ⅱ

마당 장

工부: 내가 우리 반에서 工부를
제일 잘한다.

場소: 내 친구는 약속 場소에
나오지 않았다.

산업 경제적 생활에 관한 모든 일

産 industry 業

生
11획
5급Ⅱ

낳을 산

木
13획
6급Ⅱ

업 업

생産: 우리 고장에서 생産된
토마토를 팔고 있다.

공業: 해안가를 따라서 공業 단지가
형성되어 있다.

압축 압력을 가해 부피를 줄임 또는 문장을 줄여서 짧게 함

압 壓
土
17획
4급Ⅱ
누를 압

縮
compact,
compress;
summarize

糸
17획
4급
줄일 축

壓박: 그 선수는 부담감과 壓박을
견뎌내고 결국 우승을 차지했다.

단縮: 선생님들은 방학 때
단縮 근무를 한다.

자격 어떤 일을 하는데 필요한 조건

資
貝
13획
4급
재물 자

格
qualification

木
10획
5급Ⅱ
격식 격

資원: 지구의 땅 속에는
수많은 지하 資원이 있다.

실格: 경기 중 상대 선수를 손으로
밀쳐서 실格되었다.

주어진 문장에 알맞은 한자를 〈보기〉에서 찾아 빈칸을 완성하세요.

〈보기〉 家 工 料 利 部 事 産 食 業 午
       用 場 在 材 全 前 族 紙 現 休

1. 내가 들었던 이야기를 ☐☐ 털어놓았다.
   전 부

2. 눈물을 닦느라 ☐☐ 한 통을 다 썼다.
   휴 지

3. 미술 수업에 쓸 ☐☐ 를 집에 두고 왔다.
   재 료

4. 나는 등교할 때 대중교통을 ☐☐ 한다.
   이 용

5. 우리 ☐☐ 은 조용히 ☐☐ 중이다.
   가 족   식 사

직장 사람들이 일하는 곳

職 workplace, office 場

耳
18획
4급II

직분 직

土
12획
7급II

마당 장

職책: 나는 회사에서 중요한 職책을 맡게 되었다.

당場: 지금 당場 이 일을 시작해야 내일 끝낼 수 있다.

감시 단속을 위해 주의 깊게 살핌

監 surveillance, watch 視

皿
14획
4급II

볼 감

見
11획
4급II

볼 시

監옥: 유관순 열사는 결국 監옥에서 생을 마감했다.

視각: 안내견은 視각 장애인을 위해 훈련된 개들이다.

室	집 실	國	나라 국
	부수 宀 획 9획		부수 囗 획 11획
學	배울 학	軍	군사 군
	부수 子 획 16획		부수 車 획 9획
校	학교 교	白	흰 백
	부수 木 획 10획		부수 白 획 5획
敎	가르칠 교	萬	일 만 만
	부수 攵 획 11획		부수 艹 획 12획
韓	한국 한/나라 한	弟	아우 제
	부수 韋 획 17획		부수 弓 획 7획

관절 뼈와 뼈가 서로 연결된 곳

關

joint

節

門
19획
5급II

관계할 관

竹
15획
5급II

마디 절

연關: 포털 사이트에서 무언가를 검색할 때 연關 검색어도 같이 뜬다.

계節: 계節이 바뀔 때마다 새로운 옷을 산다.

지각 감각 기관을 통해 어떤 대상을 인식하는 것; 알아서 깨달음

perception, awareness

覺

矢
8획
5급II

알 지

見
20획
4급

깨달을 각

知능: 인공 知능과 같은 과학 기술이 4차 산업 혁명을 이끈다.

覺오: 새해에 일출을 보면서 覺오를 다졌다.

석유 땅 속에서 나는 녹갈색의 타기 쉬운 기름 모양의 액체

石

oil

油

石
5획
6급

돌 석

氵
8획
6급

기름 유

화石: 화石을 통해 고대 생물의
모습을 추정한다.

주油소: 잠깐 주油소에 들러
차에 기름을 넣어야 한다.

남해 남쪽 바다

南

the
southern
sea

海

十
9획
8급

남쪽 남

氵
10획
7급Ⅱ

바다 해

강南: 강南을 중심으로 새로운
아파트가 많이 들어선다.

동海: 새해를 맞아 동海에
일출을 보러 간다.

충격 마음에 받은 심한 자극이나 영향 또는 무언가에 급격히 가해진 힘

衝 impact, shock 擊

行
15획
3급Ⅱ
찌를 충

手
17획
4급
칠 격

衝動: 衝動적으로 결정한 것은 결국 나중에 후회하게 된다.

저擊: 신상 화장품은 20대 여성 소비자들의 취향을 저擊한다.

보완 모자란 부분을 보충해서 완전하게 함

補 supplement, make up for 完

衤
12획
3급Ⅱ
기울 보/도울 보

宀
7획
5급
완전할 완

補修: 수도관 補修 작업으로 도로가 통제되었다.

完료: 내년에 공사가 完료될 예정이다.

의복 옷

衣
6획
6급

옷 의

clothes, dress

服
月
8획
6급

옷 복

衣식주: 우리 식구는 너무 가난해서 매일 衣식주 걱정을 한다.

한服: 나는 추석을 맞아 한服을 곱게 차려입었다.

시내 도시의 안쪽

巾
5획
7급Ⅱ

저자 시

downtown

入
4획
7급Ⅱ

안 내

市장: 나는 과일을 사러 市장에 가는 중이다.

內부: 이 가게는 內부 수리 공사로 휴업 중이다.

選	가릴 선	億	억 억
	부수 辶 획 16획		부수 亻 획 15획
示	보일 시	熱	더울 열
	부수 示 획 5획		부수 灬 획 15획
案	책상 안	葉	잎 엽
	부수 木 획 10획		부수 艹 획 12획
漁	고기 잡을 어	屋	집 옥
	부수 氵 획 14획		부수 尸 획 9획
魚	물고기 어	完	완전할 완
	부수 魚 획 11획		부수 宀 획 7획

전화 전화기로 서로 이야기함

phone call

雨
13획
7급Ⅱ
번개 전

言
13획
7급Ⅱ
말씀 화

電話번호: 우리 가족과 친한 친구의 電話번호는 외우고 다닌다.

통話: 지금은 바쁘니 이따가 다시 통話합시다.

대기 지구를 둘러 싸고 있는 공기

atmosphere

大
3획
8급
큰 대

气
10획
7급Ⅱ
기운 기

망망大해: 전망대에 올라가면 끝없이 펼쳐진 망망大해를 볼 수 있다.

전氣: 어젯밤에는 갑자기 전氣가 나가서 한동안 집안이 컴컴했다.

주어진 문장에 알맞은 한자를 〈보기〉에서 찾아 빈칸을 완성하세요.

〈보기〉 暇 感 隔 斷 獨 眠 默 批 商 熟
        餘 染 遠 寂 切 靜 創 沈 判 協

1. 마스크 착용으로 코로나 바이러스 ☐☐ 을 막을 수 있다.
   감 염

2. ☐☐ 을 취할 수 있도록 자기 전에 가벼운 운동을 하세요.
   숙 면

3. 전염병이 퍼지자 학교는 ☐☐ 수업을 실시하기로 결정했다.
   원 격

4. 노동자와 고용자 사이의 ☐☐ 중에 갑자기 긴
   협 상
   ☐☐ 이 흘렀다.
   침 묵

5. 내 주장에 대한 ☐☐ 을 겸허히 받아들였다.
   비 판

분명 흐릿하지 않고 또렷함

clearly, definitely

刀
4획
6급Ⅱ

나눌 분

日
8획
6급Ⅱ

밝을 명

기分: 나는 친구 농담에 기分이 상했다.

투明: 탁자 위에는 투明한 유리잔이 놓여있다.

온정 따스한 마음

warmhearted

情

氵
13획
6급

따뜻할 온

忄
11획
5급Ⅱ

뜻 정

기溫: 오늘은 낮과 밤의 기溫차가 심하다.

심情: 나의 괴로운 심情을 친구에게 털어놓았다.

여가 일이 없어 남는 시간

餘 spare time 暇

食
16획
4급Ⅱ

남을 여

日
13획
4급

틈 가/겨를 가

餘유: 시험 전까지 아직은 餘유가 있다.

한暇: 보통 가게는 점심 때 바쁘고 저녁에는 한暇하다.

비판 옳고 그름을 판단하여 밝히거나 잘못된 것을 지적함

批 criticism 判

扌
7획
4급

비평할 비

刂
7획
4급

판단할 판

批평가: 추석 때 개봉한 그 영화는 批평가들의 혹평을 받았다.

判사: 判사는 피고에게 무죄를 선고했다.

우천 비가 오는 날씨

 rain

雨
8획
5급Ⅱ

비 우

大
4획
7급

하늘 천

폭雨: 간밤의 폭雨로 인해 물난리가 났다.

天사: 아기는 마치 하늘에서 내려온 天사 같다.

고속 매우 빠른 속도

 high speed 速

高
10획
6급Ⅱ

높을 고

⻌
11획
6급

빠를 속

高온: 사막은 高온 건조한 기후가 특징이다.

速도: 여기서부터 일정한 速도를 유지해라.

단절 관계나 흐름을 끊음

disconnect, cut off

斤
18획
4급II

끊을 단

刀
4획
5급II

끊을 절

進斷: 의사는 환자의 병을 진斷하고 처방을 내린다.

懇切: 추운 날씨에 밖에 있으니 따뜻한 차 한 잔이 간切했다.

협상 어떤 목적에 일치하게 여러 사람이 모여 의논함

negotiation

商

十
8획
4급II

화합할 협

口
11획
5급II

장사 상

協조: 다른 부서에서 업무에 대한 協조를 요청했다.

商표: 아무래도 물건을 살 때 친숙한 商표를 고르는 경향이 있다.

주어진 문장에 알맞은 한자를 〈보기〉에서 찾아 빈칸을 완성하세요.

〈보기〉 高 氣 南 內 大 明 服 分 石 速
市 溫 雨 油 衣 電 情 天 海 話

1. 중동은 세계적인 ☐☐ 생산 지역이다.
석 유

2. 도시 지역의 ☐☐ 오염이 점점 심각해지고 있다.
대 기

3. 계속되는 폭우로 ☐☐ 곳곳에 정전이 발생했다.
시 내

4. ☐☐ 시에 예정된 축구 경기는 연기될 것이다.
우 천

5. 나는 ☐☐ 어제 네가 ☐☐ 하는 것을 보았다.
분 명 전 화

침묵 아무 말 없이 있음

沈 silence 默

氵
7획
3급II

잠길 침

黑
16획
3급II

잠잠할 묵

沈착: 나는 내 동생이 흥분을 가라앉 히고 沈착할 때까지 기다렸다.

과默: 평소에 나는 과默하지만 친한 친구들 앞에서는 수다스럽다.

원격 떨어져 있음

 遠 remote 隔

辶
14획
6급

멀 원

阝
13획
3급II

사이 뜰 격

遠근: 遠근법을 활용하여 삼차원 공 간을 종이 위에 나타낼 수 있다.

간隔: 옆 사람과 어느 정도 간隔을 두고 앉으세요.

内	안 내 부수 入 획 4획	下	아래 하 부수 一 획 3획
立	설 립(입) 부수 立 획 5획	手	손 수 부수 手 획 4획
男	사내 남 부수 田 획 7획	足	발 족 부수 足 획 7획
子	아들 자 부수 子 획 3획	右	오른쪽 우 부수 口 획 5획
上	윗 상 부수 一 획 3획	左	왼 좌 부수 工 획 5획

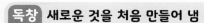

독창 새로운 것을 처음 만들어 냄

being creative

犭
16획
5급II

홀로 독

創
ㅣ
12획
4급II

비롯할 **창**/다칠 **창**

고獨: 그녀는 오랜 투병 생활로 인해 무척 고獨해 보인다.

創의력: 놀이를 통해 아이들이 創의력을 발휘할 수 있다.

정적 고요함

calm, static

靑
16획
4급

고요할 **정**

宀
11획
3급II

고요할 **적**

냉靜: 나는 긴급한 상황에서도 냉靜을 잃지 않기 위해 노력했다.

한寂: 평일의 한寂한 공원을 혼자서 산책했다.

효과 보람 있는 결과, 좋은 결과

效 effect 果

攵
10획
5급II

본받을 효

木
8획
6급II

실과 과

무效: 투표수가 많아도 법을 어기면 무效가 된다.

果수원: 지난 주말에 우리는 과수원에 사과를 따러 갔다.

원인 일이 말미암은 까닭

原 cause, reason 因

厂
10획
5급

근원 원

口
6획
5급

인할 인

原리: 수학 공식을 외우려고만 하지 말고 原리를 파악해야 한다.

因과: 그 사건의 因과관계를 밝혀야 한다.

감염 영향을 주어 물이 듦; 병균이 몸 안에 들어가 증식하는 일

 **infica infection**

心
13획
6급

느낄 **감**

木
9획
3급Ⅱ

물들 **염**

感격: 우승 소식을 들었을 때 感격에 겨워 눈물을 흘렸다.

오染: 도시의 대기 오染이 심각한 상태이다.

숙면 깊은 잠

 **deep sleep**

灬
15획
3급Ⅱ

익을 **숙**

目
10획
3급Ⅱ

잘 **면**/거짓말 **면**

미熟: 나는 아직 새로 산 노트북 사용에 미熟하다.

수眠: 요즘 너무 바빠서 수眠 시간이 부족하다.

생활 생계를 유지하며 살아감

生 life 活

生
5획
8급

날 생

氵
9획
7급II

살 활

生선: 시장에서 싱싱한 生선을 팔고 있다.

活력: 선생님의 깜짝 선물은 우리 반에 活력을 불어넣었다.

사명 주어진 임무

使 mission, duty 命

亻
8획
6급

하여금 사/부릴 사

口
8획
7급

목숨 명

使용: 상황에 따라 적절한 단어를 使용해야 한다.

생命: 그 소방관은 나를 구해준 생命의 은인이다.

比	견줄 비 부수 比 획 4획	思	생각 사 부수 心 획 9획
費	쓸 비/땅 이름 비 부수 貝 획 12획	査	조사할 사 부수 木 획 9획
鼻	코 비 부수 鼻 획 14획	賞	상줄 상 부수 貝 획 15획
氷	얼음 빙 부수 水 획 5획	序	차례 서 부수 广 획 7획
寫	베낄 사 부수 宀 획 15획	船	배 선 부수 舟 획 11획

등장 누군가가 나타남

登  appearance 場

癶
12획
7급

오를 등

土
12획
7급Ⅱ

마당 장

登산: 나는 주말마다 가족들과 登산을 즐긴다.

登場인물: 영화 속 登場인물들의 대사가 인상적이다.

여행 먼 길을 감

旅 travel 行

方
10획
5급Ⅱ

나그네 려(여)

行
6획
6급

다닐 행

旅유: 지금은 바빠서 마음에 旅유가 없다.

급行: 급行열차는 이 역에 서지 않는다.

주어진 문장에 알맞은 한자를 <보기>에서 찾아 빈칸을 완성하세요.

<보기>　覺　潔　係　過　關　獨　補　償　象　演
　　　　誤　奏　徵　錯　清　超　投　特　票　解

1. 네 잎 클로버는 행운의 ☐☐ 이다.
　　　　　　　　　　　상　징

2. 여러 후보들 가운데 누구에게 ☐☐ 할지 고민이다.
　　　　　　　　　　　　　　　투　표

3. 작은 ☐☐ 에서 시작한 일이 큰 싸움이 되었다.
　　　오　해

4. 나는 수요일을 목요일로 ☐☐ 했다.
　　　　　　　　　　　　착　각

5. 그는 다른 음악가들과 다르게 ☐☐ 한 리듬으로 그 곡을
　　　　　　　　　　　　　　　　독　특

☐☐ 했다.
연　주

운동 몸을 위하여 움직이는 일

運 exercise 動

辶
13획
6급II

옮길 운

力
11획
7급II

움직일 동

運행: 밤 12시가 넘으면 대부분의
지하철은 運행하지 않는다.

자動: 지하철 문은 自動으로
열리고 닫힌다.

허가 허락함

許 permission 可

言
11획
5급

허락할 허

口
5획
5급

옳을 가

면許: 운전하려면 반드시
운전 면許증이 있어야 한다.

불可: 우리 집 앞 골목은
주차 불可 구역이다.

보상 남에게 진 빚을 갚음

補 compensation; reward 償

衤
12획
3급II
기울 보/도울 보

亻
17획
3급II
갚을 상

後補: 나는 이번에 학교 회장 후補로 나섰다.

賠償: 자동차 회사를 대상으로 손해 배償 청구 소송을 제기했다.

독특 특별하게 다름

獨 unique 特

犭
16획
5급II
홀로 독

牛
10획
6급
특별할 특

獨도: 獨도는 대한민국 동쪽 끝에 있는 섬이다.

特징: 우리 반 담임 선생님은 학생들의 이름과 特징을 다 기억하신다.

국립 나라에서 세움

national

□
11획
8급

나라 **국**

立
5획
7급Ⅱ

설 **립(입)**

國가: 그는 國가 대표로 선발되었다. | **독立:** 나는 스무 살이 되면 집에서 독立할 것이다.

회사 사업을 위하여 만든 단체

company

社

曰
13획
6급Ⅱ

모일 **회**

示
7획
6급Ⅱ

모일 **사**

국會: 國會에서는 국민이 뽑은 대표들이 모여서 법을 만드는 일을 한다. | **社회:** 학교를 다니면서 社회에 진출할 준비를 한다.

상징 추상적인 것을 구체적인 것으로 나타냄

象 symbol **徵**

豕
12획
4급

코끼리 상

彳
15획
3급Ⅱ

부를 징

대象: 나는 중학생이지만 고등학생을 대象으로 한 수업을 듣는다.

徵조: 갑자기 먹구름이 끼는 것을 보니 불길한 徵조인 것 같다.

청결 맑고 깨끗함

淸 clean **潔**

氵
11획
6급Ⅱ

맑을 청

氵
15획
4급Ⅱ

깨끗할 결

淸명: 어제 비가 와서 그런지 오늘은 하늘이 淸명하다.

潔백: 그 정치인은 자신의 潔백을 증명했다.

주어진 문장에 알맞은 한자를 〈보기〉에서 찾아 빈칸을 완성하세요.

〈보기〉 可 果 國 動 登 立 命 使 社 生
　　　　旅 運 原 因 場 行 許 活 會 效

---

1. 배는 감기 예방에 ☐☐ 가 좋은 과일이다.
　　　　　　　　　효　　과

2. 적당한 ☐☐ 은 건강에 좋다.
　　　운　　동

3. 나는 해외 ☐☐ 을 가 본 적이 없다.
　　　여　　행

4. 경찰이 사고의 ☐☐ 을 조사하고 있다.
　　　　　　원　　인

5. ☐☐ 를 설립하려면 ☐☐ 를 받아야 한다.
　　회　　사　　　　　　허　　가

착각 실제와 다르게 생각함

錯 delusion, mistake 覺

金
16획
3급II
어긋날 착

見
20획
4급
깨달을 각

시행錯오: 시행錯오를 거듭한 끝에 신제품이 탄생했다.

감覺: 나는 유머 감覺이 뛰어나다.

투표 선거를 할 때 의사를 표시하는 일

投 vote 票

扌
7획
4급
던질 투

示
11획
4급II
표 표

投수: 선발 投수가 공을 세게 던졌다.

매票소: 사람들이 벌써 매票소 앞에 줄을 서 있었다.

正	바를 정 부수 止 획 5획	每	매양 매 부수 母 획 7획
不	아닐 부(불) 부수 一 획 4획	空	빌 공 부수 穴 획 8획
自	스스로 자 부수 自 획 6획	午	낮 오 부수 十 획 4획
力	힘 력(역) 부수 力 획 2획	名	이름 명 부수 口 획 6획
江	강 강 부수 氵 획 6획	家	집 가 부수 宀 획 10획

관계 서로 관련이 있음

關　being related　係

門
19획
5급II
관계할 관

亻
9획
4급II
맬 계

關心: 나는 외모에 關심이 많다.

대인 관係: 학교에서 원만한 대인 관係를 유지하는게 중요하다.

오해 잘못된 해석이나 이해

誤　misunderstanding　解

言
14획
4급II
그르칠 오

角
13획
4급II
풀 해

誤차: 채점을 할 때는 한 치의 誤차도 있어서는 안 된다.

양解: 학교에 양解를 구하고 하루 쉬기로 했다.

요금 수수료로 주는 돈

charge, fee

斗
10획
5급

헤아릴 **료(요)**

金
8획
8급

쇠 **금**, 성씨 **김**

원料: 이 음료수는 천연 과즙을 원료로 해서 건강에 좋고, 맛도 있다.

입金: 나는 내 계좌에 돈을 입金하러 은행에 갔다.

유익 이로움이 있음

beneficial, useful

月
6획
7급

있을 **유**

皿
10획
4급 II

더할 **익**

有효: 여권의 有효 기간이 언제인지 확인해라.

수益: 지난해 아버지 회사는 막대한 수益을 남겼다.

초과 한도를 넘음

超 excess 過

走
12획
3급Ⅱ

뛰어넘을 초

辶
13획
5급Ⅱ

지날 과, 재앙 화

超능력: 그 영화의 주인공은 超능력을 얻어 슈퍼히어로가 된다.

過失: 나의 過실로 교통사고가 일어났다.

연주 악기를 다루는 일

演 performance 奏

氵
14획
4급Ⅱ

펼 연

大
9획
3급Ⅱ

아뢸 주

演극: 나는 演극 주인공을 뽑는 오디션에 참여했다.

반奏: 합창단원들이 나의 반奏에 맞추어 노래를 불렀다.

추석 음력 8월 15일, 한가위

秋

禾
9획
7급

가을 추

夕

夕
3획
7급

저녁 석

秋수: 가을이 되면 집집마다
秋수가 한창이다.

조夕: 나는 매일 조夕으로
어머니께 전화드린다.

실패 목적한 바를 이루지 못함

失 failure 敗

大
5획
6급

잃을 실

攵
11획
5급

패할 패

失수: 失수로 비싼 도자기를
깨뜨렸다.

연敗: 우리 축구팀 감독님은 최근
5연敗의 책임을 지고 사퇴했다.

令	하여금 령(영) 부수 人 획 5획	亡	망할 망 부수 亠 획 3획
領	거느릴 령(영) 부수 頁 획 14획	買	살 매 부수 貝 획 12획
料	헤아릴 료(요) 부수 斗 획 10획	賣	팔 매 부수 貝 획 15획
馬	말 마 부수 馬 획 10획	無	없을 무 부수 灬 획 12획
末	끝 말 부수 木 획 5획	倍	곱 배, 등질 패 부수 亻 획 10획

공간 하늘과 땅 사이, 틈

space

穴
8획
7급II

빌 공

門
12획
7급II

사이 간

상空: 비행기 한 대가
태평양 상空을 날고 있다.

間식: 나는 間식으로
고구마를 먹었다.

과목 교과를 가른 구분

subject

禾
9획
6급II

과목 과

目
5획
6급

눈 목

科학: 영미는 사회보다 科학을
더 잘한다.

目적: 이 글을 쓴
目적이 무엇인가요?

주어진 문장에 알맞은 한자를 <보기>에서 찾아 빈칸을 완성하세요.

<보기> 乾 擊 契 攻 放 狀 釋 星 送 約
影 衛 認 燥 準 態 標 解 響 確

1. 달은 지구의 ☐☐ 이다.
위 성

2. 상대방은 경기 초반부터 적극적으로 ☐☐ 했다.
공 격

3. ☐☐ 한 날씨 때문에 가습기를 켰다.
건 조

4. 내가 좋아하는 프로그램이 재 ☐☐ 하고 있다.
방 송

5. 작성한 ☐☐ 서를 꼼꼼히 ☐☐ 해 보세요.
계 약 확 인

자연 본래의 상태

 nature

自
6획
7급 II

스스로 자

然
⺉
12획
7급

그럴 연

自력: 어린 나이에 부모님의 도움 없이 自력으로 사업을 시작했다.

과然: 과然 그 답이 맞는지 확인해 볼까요?

시계 시간을 가리키는 기계

時 clock

日
10획
7급 II

때 시

言
9획
6급 II

셀 계

時간: 주말에는 주로 영화를 보면서 時간을 보낸다.

計산: 오늘 쓴 돈이 얼마인지 모두 計산해서 저에게 알려 주세요.

공격 상대를 이기기 위한 행동

攻　　attack　　擊

攵
7획
4급

칠 공

칠 격

手
17획
4급

전攻: 나는 대학교에서
정치학을 전攻했다.

목擊: 나는 운전하고 가다가
사고 현장을 목擊했다.

표준 근거 혹은 기준

標　　standard　　準

木
15획
4급

표할 표

준할 준

氵
13획
4급Ⅱ

목標: 우리나라 선수들은 올림픽
금메달 획득을 목標로 한다.

수準: 그녀의 피아노 솜씨는
취미라고 하기에 수準이 높다.

공동　여러 사람이 일을 같이 함

 cooperate, collaborate

八
6획
6급Ⅱ

한가지 공

口
6획
7급

한가지 동

共유: 인터넷에서는 정보의 共유가
활발하게 이루어진다.

同시: 나는 직장인인
同시에 학생이다.

화재　불이 나는 재앙

 fire 災

火
4획
8급

불 화

火
7획
5급

재앙 재

소火기: 화재 예방을 위해 가정마다
소火기를 준비해 두는 것이 좋다.

자연災해: 우리는 자연災해에
대비해야 한다.

방송 텔레비전, 라디오 등으로 영상이나 음성을 보고 들을 수 있게 전파로 내보냄

放 broadcasting 送

攵
8획
6급II

놓을 **방**

辶
10획
4급II

보낼 **송**

放치: 쉽게 겪을 수 있는 증상도 放치하면 큰 병을 부를 수 있다.

送금: 인터넷 뱅킹으로 등록금을 送금했다.

해석 표현된 내용을 이해함

解 interpretation 釋

角
13획
4급II

풀 **해**

釆
3급II
20획

풀 **석**

解결: 어려운 수학 문제를 혼자 解결해서 뿌듯하다.

釋방: 광복절 특별 사면으로 백 명 정도가 釋방되었다.

주어진 문장에 알맞은 한자를 <보기>에서 찾아 빈칸을 완성하세요.

<보기>　間　計　共　空　科　金　同　料　目　夕
　　　　時　失　然　有　益　自　災　秋　敗　火

1. 대기가 건조한 겨울철에는 ☐☐ 에 주의해야 한다.
　　　　　　　　　　　　　화　재

2. 이번 ☐☐ 연휴에는 고향으로 내려가지 못했다.
　　　　추　석

3. ☐☐ 하는 한이 있어도 끝까지 최선을 다하자.
　실　패

4. 제주도의 아름다운 ☐☐ 을 즐기기 위해 외국인 관광객이 많이 찾는다.
　　　　　　　　　자　연

5. 탁구 경기에서 우리나라와 중국이 ☐☐ 선두에 올라섰다.
　　　　　　　　　　　　공　동

확인 확실한지 인정하거나 알아봄

確

石
15획
4급 II

굳을 확

confirm, check

認

言
14획
4급 II

알 인, 적을 잉

確實: 잘 모르는 부분을 確實하게 알아두기 위해 선생님께 질문을 했다.

認定: 나는 선생님으로부터 반장으로서 리더십을 認定받았다.

계약 관련자들 사이에 서로 지켜야 할 것에 대하여 정하는 약속

契

大
9획
3급 II

맺을 계

contract

約

糸
9획
5급 II

맺을 약

契機: 나는 실패를 契機로 더 열심히 해야겠다고 다짐했다.

절約: 시간 절約을 위해 자전거를 타고 등교한다.

海	바다 해 부수 氵 획 10획	漢	한나라 한 부수 氵 획 14획
氣	기운 기 부수 气 획 10획	方	모 방 부수 方 획 4획
事	일 사 부수 亅 획 8획	物	물건 물 부수 牛 획 8획
世	인간 세 부수 一 획 5획	安	편안 안 부수 宀 획 6획
食	밥 식/먹을 식 부수 食 획 9획	直	곧을 직, 값 치 부수 目 획 8획

상태 어떤 것이 놓여 있는 모양

狀 condition, state 態

犬
8획
4급II

형상 상, 문서 장

心
14획
4급II

모습 태

狀황: 만일의 狀황에 대비하여 계획을 세우자.

형態: 최근 가족의 형態가 다양해지고 있다.

위성 행성의 주위를 도는 천체

衛 satellite 星

行
15획
4급II

지킬 위

日
9획
4급II

별 성

衛생: 여름철에는 衛생에 더욱 신경을 써야 합니다.

행星: 지구는 태양에서 세 번째로 가까운 행星이다.

토성 흙으로 쌓아 올린 성

土
3획
8급

흙 토

a mud
castle

城
土
9획
4급Ⅱ

재 성

土지: 내가 농사 짓고 있는
土지는 비옥하다.

城벽: 산 정상에 오르면 큰 바위들과
어우러진 城벽을 볼 수 있다.

하천 강물, 시냇물

氵
8획
5급

물 하

river

川
巛
3획
7급

내 천

빙河: 지구 온난화로 인해 빙河가 녹
으면서 해수면이 점점 높아지고 있다.

산川: 보통 산川을 경계로
지역이 나뉜다.

영향 어떤 효과나 작용이 다른 것에 미침

影 influence, effect, impact 響

彡
15획
3급II

그림자 영

音
22획
3급II

울릴 향

동影상: 요즘은 TV 프로그램 대신 짧은 동影상을 많이 본다.

음響: 새로 산 스피커에는 최신 AI 음響 기술이 적용되었다.

건조 습기가 없음

乾 dry 燥

乙
11획
3급II

하늘 건/마를 건

火
17획
3급

마를 조

乾어물: 乾어물 시장에서 사 온 마른 오징어로 반찬을 만들 것이다.

초燥: 내 순서가 다가오자 초燥했다.

고궁 옛 궁궐

an old palace

□
5획
6급

옛 고

宀
10획
4급Ⅱ

집 궁

古전: 요즘 古전 문학을 읽는 재미에 푹 빠졌다.

경복宮: 경복宮은 흥선 대원군에 의해 재건되었다.

국어 우리말

native language

□
11획
8급

나라 국

言
14획
7급

말씀 어

國가: 우리나라는 세계 유일의 분단 國가이다.

언語: 언語는 끊임없이 변화한다.

期	기약할 기 부수 月 획 12획	島	섬 도 부수 山 획 10획
汽	물 끓는 김 기, 거의 흘 부수 氵 획 7획	都	도읍 도, 못 지 부수 阝 획 12획
吉	길할 길 부수 口 획 6획	落	떨어질 락(낙) 부수 艹 획 12획
壇	단 단, 평탄할 탄 부수 土 획 16획	冷	찰 랭(냉), 물소리 령(영) 부수 氵 획 7획
談	말씀 담 부수 言 획 15획	量	헤아릴 량(양) 부수 里 획 12획

견학 실지로 보고 학식을 넓힘

field trip, visit

學

見
7획
5급Ⅱ

볼 견

子
16획
8급

배울 학

회見: 팀의 베테랑 선수가
은퇴 기자 회見을 열었다.

방學: 벌써 겨울 방學의
절반이 지났다.

은행 예금 대부 등을 업무로 하는 금융 기관

銀

bank

行

金
14획
6급

은 은

行
6획
6급

다닐 행

銀하수: 산 위에 올라 밤하늘에
펼쳐진 銀하수를 보고 있다.

行動: 나는 너의 行動을
이해할 수 없다.

주어진 문장에 알맞은 한자를 〈보기〉에서 찾아 빈칸을 완성하세요.

〈보기〉　均　禁　機　諾　經　補　選　危　應　議
　　　　適　助　止　讚　稱　擇　許　驗　衡　會

1. 정은이는 슬기롭게 ☐☐ 를 극복했다.
　　　　　　　　　　위　기

2. ☐☐ 은 고래도 춤추게 한다.
　칭　찬

3. 무언가를 ☐☐ 할 때는 신중해야 한다.
　　　　　선　택

4. 유명한 요리사들도 처음에는 주방 ☐☐ 에서 시작했다.
　　　　　　　　　　　　　　　　　보　조

5. ☐☐ 을 통해 세상을 바라보는 눈이 넓어진다.
　경　험

공개 널리 개방함

release

八
4획
6급Ⅱ

공평할 공

門
12획
6급

열 개

公익: 공무원은 公익을 먼저 생각해야 한다.

開학: 나는 開학을 앞두고 밀린 숙제를 하고 있다.

타인 다른 사람, 남

other people

亻
5획
5급

다를 타

人
2획
8급

사람 인

他지: 회사 때문에 부모님과 떨어져 他지에 살고 있다.

人간: 人간이라면 최소한 지켜야 할 도리가 있다.

적응 환경에 맞추어 조화를 이룸

適 adaptation 應

辶
15획
4급

맞을 적

心
17획
4급Ⅱ

응할 응

適절: 나는 適절한 농담으로
분위기를 밝게 만들었다.

반應: 청소년들은 유행에
민감하게 반應한다.

보조 도움

補 help, assistance 助

礻
12획
3급Ⅱ

기울 보/도울 보

力
7획
4급Ⅱ

도울 조

補충: 방학 때 성적이 낮았던 과목을
補충하기 위해 학원에 다녔다.

助언: 선생님께 진학과 관련하여
助언을 구하러 갔다.

종자 씨앗

種 seed 子

禾
14획
5급Ⅱ

씨 종

아들 자

子
3획
7급Ⅱ

種족: 동물들은 種족의 보존을 위해 번식하려는 본능을 갖고 있다.

효子: 그는 아픈 노부모를 모시고 사는 효子이다.

농촌 농업을 생계로 하는 마을

農 rural area 村

辰
13획
7급Ⅱ

농사 농

마을 촌

木
7획
7급

農부: 農부들이 땀 흘려 잡초를 뽑고 있다.

어村: 젊은 사람들일 어村을 떠나고 있다.

금지 | 어떤 행위를 하지 못하게 함

禁 ban, prohibition 止

示
13획
4급II
금할 금

止
4획
5급
그칠 지

禁식: 건강 검진을 받기 전에 禁식을 해야 한다.

폐止: 사회 구성원을 차별하는 제도는 폐止되어야 한다.

선택 | 여럿 중에서 필요한 것을 고름

選 choice, selection 擇

辶
16획
5급
가릴 선

扌
16획
4급
가릴 택

選거: 우리나라는 選거를 통해 대통령을 뽑는다.

채擇: 태권도는 2000년 시드니 올림픽에서 정식 종목으로 채擇되었다.

주어진 문장에 알맞은 한자를 〈보기〉에서 찾아 빈칸을 완성하세요.

〈보기〉 開 見 古 公 國 宮 農 城 語 銀
　　　　人 子 種 川 村 他 土 河 學 行

1. 아버지께서는 중학교에서 ☐☐ 를 가르치신다.
　　　　　　　　　　　국　　어

2. 나는 내 자신에게는 엄격하지만 ☐☐ 에게는 관대하다.
　　　　　　　　　　　　　　　타　　인

3. 경기가 좋지 않아 ☐☐ 에서 대출을 받기가 어렵다.
　　　　　　　은　　행

4. 신상 노트북의 가격과 디자인이 언론에 ☐☐ 되었다.
　　　　　　　　　　　　　　　공　　개

5. 우리는 문화유산인 ☐☐ 으로 ☐☐ 을 갈 예정
이다.　　　　토　　성　　　　견　　학

회의 여럿이 모여 의논함

會

meeting, conference

議

曰
13획
6급Ⅱ

모일 회

言
20획
4급Ⅱ

의논할 의

會원: 會원들 사이에 친목을 다질 수 있는 모임을 기획하는 중이다.

이議: 이 주장에 이議가 있으신 분은 손을 들어주세요.

위기 위험한 고비

危

crisis

機

巳
6획
4급

위태할 위

木
16획
4급

틀 기

危급: 危급한 상황이 발생했을 때 119에 전화해라.

機회: 계속 망설이다가는 좋은 機회를 놓칠 수 있다.

工	장인 공 부수 工 획 3획	道	길 도 부수 辶 획 13획
車	수레 차 부수 車 획 7획	市	저자 시 부수 巾 획 5획
平	평평할 평 부수 干 획 5획	活	살 활 부수 氵 획 9획
全	온전할 전 부수 入 획 6획	動	움직일 동 부수 力 획 11획
孝	효도 효 부수 子 획 7획	時	때 시 부수 日 획 10획

칭찬 높이 평가함

稱 compliment 讚

禾
14획
4급

일컬을 칭/저울 칭

言
26획
4급

기릴 찬

호稱: 가족 간의 촌수와 호稱에 대해 알아 봅시다.

자화자讚: 나는 내 실력이 세계 최고라고 자화자讚했다.

균형 어느 한쪽으로 치우치지 않고 고른 상태

均 balance 衡

土
7획
4급

고를 균

行
16획
3급Ⅱ

저울대 형, 가로 횡

평均: 이번 중간고사에서는 평均 90점 이상이 목표이다.

평衡: 저울 위에 추를 올려서 평衡하게 만들어 보세요.

원수 그 나라의 우두머리

the head
of a
country

儿
4획
5급Ⅱ

으뜸 원

首
9획
5급Ⅱ

머리 수

元소: 과자 봉지 안에
채워진 元소는 질소이다.

首석: 나는 성적이 우수해서
首석으로 대학에 졸업했다.

두목 우두머리

boss,
head,
leader

頁
16획
6급

머리 두

目
5획
6급

눈 목

頭뇌: 내 동생은 명석한 頭뇌를
갖고 태어났다.

이目구비: 내 남자친구는
이目구비가 뚜렷하다.

경험 자신이 실제로 겪어 봄

經  experience 驗

糸
13획
4급Ⅱ
지날 경/글 경

馬
23획
4급Ⅱ
시험 험

經영: 사장님은 회사에 새로운 經영 방식을 도입했다.

시驗: 나는 벼락치기로 試驗을 준비하는 습관이 있다.

허락 청하는 일을 하도록 해 줌

許 permission 諾

言
11획
5급
허락할 허

言
15획
3급Ⅱ
허락할 낙(락)

특許: 내가 직접 발명한 제품에 대해 특許 신청을 했다.

승諾: 어려운 부탁이었지만 부모님께서는 흔쾌히 승諾하셨다.

매부 누이의 남편

妹   brother-in-law   夫

女
8획
4급

누이 매

大
4획
7급

지아비 부

자妹: 두 소녀는 서로 닮아서 간혹 자妹로 오해를 받는다.

夫부: 요즘 맞벌이 하는 夫부가 많다.

장남 맏아들

長   the eldest son   男

長
8획
8급

길 장/어른 장

田
7획
7급Ⅱ

사내 남

長녀: 나는 부모의 기대를 한 몸에 받고 있는 長녀이다.

男매: 두 男매는 연년생이다.

輕	가벼울 경	救	구원할 구
	부수 車 획 14획		부수 攵 획 11획
固	굳을 고	貴	귀할 귀
	부수 囗 획 8획		부수 貝 획 12획
考	생각할 고/ 살필 고	規	법 규
	부수 耂 획 6획		부수 見 획 11획
曲	굽을 곡/잠박 곡	給	줄 급
	부수 曰 획 6획		부수 糸 획 12획
橋	다리 교, 빠를 고	技	재주 기
	부수 木 획 16획		부수 扌 획 7획

다행 운수가 좋음

luck

多
6획
6급

많을 다

干
8획
6급Ⅱ

다행 행

多소: 교실은 多소 가라앉은 분위기였다.

幸운: 우리에게 뜻하지 않은 幸운이 찾아왔다.

곡선 구부러진 선

curve

線

曰
6획
5급

굽을 곡

糸
15획
6급Ⅱ

줄 선

작曲: 베토벤은 내가 가장 존경하는 작曲가이다.

중앙線: 어제 여기서 중앙線 침범으로 인한 사고가 일어났다.

주어진 문장에 알맞은 한자를 〈보기〉에서 찾아 빈칸을 완성하세요.

〈보기〉 待 圖 睦 普 象 術 藝 誤 維 依
　　　 存 持 指 錯 抽 通 避 形 和 揮

---

1. 도넛의 신선도를 ☐☐ 하려면 냉장 보관하세요.
　　　　　　　　　유　지

2. 어른이 되면 남에게 ☐☐ 하지 않고 독립적인 삶을 살 수
있어야 한다.
　　　　의　존

3. 공사장에서는 한순간의 실수나 판단 ☐☐ 로 인해 큰 사
고가 날 수 있다.
　　　　　　　　착　오

4. 가정이 ☐☐ 하면 모든 일이 잘 된다고 했다.
　　화　목

5. 홍수가 났을 때는 빨리 안전한 곳으로 ☐☐ 해야 한다.
　　　　　　　　　대　피

구별 종류에 따라 갈라 놓음

區 distinction 別

匸
11획
6급
구분할 구/지경 구

刂
7획
6급
나눌 별/다를 별

區역: 여기서부터는 출입 금지 區역이다.

차別: 아직도 직장 내 성차別이 존재하는 것이 현실이다.

순서 정하여져 있는 차례

順 order 序

頁
12획
5급Ⅱ
순할 순

广
7획
5급
차례 서

온順: 내가 기르는 도마뱀은 생긴 것과 다르게 온順하다.

질序: 항상 교통질序를 잘 지켜야 한다.

대피 피해를 입지 않도록 피함

待 evacuation 避

彳
9획
6급

기다릴 대

辶
17획
4급

피할 피

待접: 직장 동료들을 집에 초대해서
저녁 식사를 待접할 예정이다.

避구: 체육 시간에 避구를 하다가
손가락을 삐었다.

유지 어떤 상태를 그대로 보존함

維 keep, maintain 持

糸
14획
3급II

벼리 유

扌
9획
4급

가질 지

섬維: 섬維 유연제를 사용하면
옷감이 부드러워진다.

持속: 당분간 추운 날씨가
持속될 것으로 보인다.

가능 할 수 있음

possibility

口
5획
5급

옳을 가

月
10획
5급II

능할 능

불可피: 치료를 위해 수술이 불可피합니다.

能력: 나는 문제 해결 能력이 뛰어나다.

각기 따로 따로, 몫몫이

each, respectively

口
6획
6급II

각각 각

八
8획
3급II

그 기

各별: 한파주의보가 내렸으니 동파 예방에 各별한 주의가 필요하다.

其타: 신상을 제외하고, 其타 다른 상품들은 할인 중입니다.

착오 착각하여 잘못함

錯 — mistake, error — 誤

金
16획
3급II

어긋날 착

言
14획
4급II

그르칠 오

錯시: 錯시 현상으로 인해 같은
길이가 다르게 보인다.

誤류: 어제 작성한 원고에
誤류가 많다.

도형 점, 선, 면 따위가 모여 이루어진 모양이나 형태

 — figure, shape — 形

囗
14획
6급II

그림 도

彡
7획
6급II

모양 형

圖표: 선생님은 圖표를 사용해서
개념을 설명했다.

모形: 나의 과학 과제는 모形
비행기를 만드는 것이다.

주어진 문장에 알맞은 한자를 <보기>에서 찾아 빈칸을 완성하세요.

<보기> 可 各 曲 區 其 男 能 多 頭 妹
目 別 夫 序 線 首 順 元 長 幸

1. 내 친구는 쌍둥이인데, 둘을 ⬜⬜ 하기는 어렵다.
　　　　　　　　　　　　　　구　별

2. 문제를 빠르게 수습하는 것이 ⬜⬜ 할지 모르겠다.
　　　　　　　　　　　　　　가　능

3. 다음에는 내가 나가서 발표할 ⬜⬜ 이다.
　　　　　　　　　　　　　　순　서

4. 시험에서 좋은 결과가 나와서 정말 ⬜⬜ 이다.
　　　　　　　　　　　　　　다　행

5. ⬜⬜ 는 집에서 ⬜⬜ 이라고 했다.
　　매　부　　　　장　남

의존 다른 것에 기대어 존재함

依 dependence 存

イ
8획
4급

의지할 의

子
6획
4급

있을 존

依지: 나는 내 친구와 함께 서로 依지하며 살아간다.

공存: 인간은 자연과 공存하며 산다.

화목 서로 정다운 상태

和 harmony 睦

口
8획
6급Ⅱ

화할 화

目
13획
3급Ⅱ

화목할 목

和해: 서로 그만 싸우고 이제 和해해라.

친睦: 게임을 통해 서로 간 친睦을 도모할 수 있다.

間	사이 간 부수 門 획 12획	農	농사 농 부수 辰 획 13획
姓	성씨 성 부수 女 획 8획	電	번개 전 부수 雨 획 13획
記	기록할 기 부수 言 획 10획	話	말씀 화 부수 言 획 13획
場	마당 장 부수 土 획 12획	後	뒤 후 부수 彳 획 9획
答	대답 답 부수 ⺮ 획 12획	前	앞 전 부수 刂 획 9획

추상 특정 생각이나 모양을 뽑아내는 것

 abstraction

扌
8획
3급

뽑을 추

豕
12획
4급

코끼리 상

抽첨: 백화점에서 진행하는 경품
抽첨 행사에 참여했다.

가象: 가상 현실 속에서 게임을
실제처럼 즐길 수 있다.

보통 특별한 것 없이 당연함

 ordinary,
usual,
normal

日
12획
4급

넓을 보

辶
11획
6급

통할 통

普편: 자유와 평등은 세계 어디서나
존중받아야 하는 普편적 가치이다.

융通성: 그는 원칙만 고집하는
융通성 없는 사람이다.

개량 좋게 고침

 improvement

攵
7획
5급

고칠 개

艮
7획
5급Ⅱ

어질 량

改혁: 국민들은 교육 제도의
改혁을 요구하고 있다.

良심: 나는 부모님께 거짓말을 하고
良심의 가책을 느꼈다.

외교 외국과의 교제

外 diplomacy

夕
5획
8급

바깥 외

亠
6획
6급

사귈 교

外출: 나는 요즘 몸이 안좋아서
外출을 하지 않는게 좋을 것 같다.

국交: 양국의 갈등으로 인해 국交가
단절될지도 모른다.

지휘 목적 달성을 위해 단체를 통솔함

指
command;
conduct
揮

扌
9획
4급Ⅱ
가리킬 지

扌
12획
4급
휘두를 휘/표기 휘

指적: 수업 시간에 떠들다가 선생님의 指적을 받았다.

발揮: 시험에서 너의 실력을 최대한 발揮할 수 있길 바란다.

예술 아름다운 작품을 창조하는 활동

藝
art
術

艹
18획
4급Ⅱ
재주 예/심을 예

行
11획
6급Ⅱ
재주 술

연藝인: 개인 방송을 하는 사람들은 연藝인 못지않게 인기가 많다.

미術: 나는 초등학교에서 미術을 가르친다.

세수 얼굴을 씻음

wash
one's face

氵
9획
5급Ⅱ

씻을 **세**

手
4획
7급Ⅱ

손 **수**

洗차: 내가 洗차를 끝내자마자
소나기가 내리기 시작했다.

手건: 어머니께서 세수를 마친
동생에게 새 手건을 건넸다.

최근 요사이, 근래

lately,
recently

日
12획
5급

가장 **최**

辶
8획
6급

가까울 **근**

最고: 규칙적인 식사와 운동이
건강에 最고다.

近처: 우리 집 近처에서 만나는 게
어때?

加	더할 가 부수 力 획 5획	件	물건 건 부수 亻 획 6획
可	옳을 가 부수 口 획 5획	健	굳셀 건 부수 亻 획 11획
改	고칠 개 부수 攵 획 7획	建	세울 건/ 엎지를 건 부수 廴 획 9획
去	갈 거 부수 厶 획 5획	景	볕 경, 그림자 영 부수 日 획 12획
擧	들 거 부수 手 획 18획	競	다툴 경 부수 立 획 20획

태양 해

太   the sun   陽

大
4획
6급

클 태

阝
12획
6급

별 양

太극기: 광복절을 맞아
문 앞에 太극기를 걸었다.

석陽: 가끔 우리 집 베란다에 앉아서
아름다운 석陽을 바라보곤 한다.

친절 매우 정답고 고분고분함

親   kindness; kind   切

見
16획
6급

친할 친

刀
4획
5급II

끊을 절

親구: 어제 내 親구와
1시간 넘게 통화했다.

단切: 나와 부모님 사이에 대화가
단切된 지 오래되었다.

주어진 문장에 알맞은 한자를 〈보기〉에서 찾아 빈칸을 완성하세요.

〈보기〉 見 結 觀 菌 單 團 亂 連 範 寫
細 循 位 圍 點 眞 體 偏 混 環

1. 내 친구는 [　　][　　] 보다 실물이 훨씬 더 예쁘다.
　　　　　　 사　　진

2. 이번 영어 시험 [　　][　　] 는 어디까지입니까?
　　　　　　　　 범　　위

3. 사람마다 하나의 현상을 바라보는 [　　][　　] 이 다를 수 있다.
　　　　　　　　　　　　　　　　 관　　점

4. 휴대 전화와 무선 이어폰의 [　　][　　] 이 끊겼다.
　　　　　　　　　　　　　 연　　결

5. 수업 방식이 바뀌어서 모두가 [　　][　　] 을 겪고 있다.
　　　　　　　　　　　　 혼　　란

방문 남을 찾아 봄

訪 visit 問

言
11획
4급Ⅱ
찾을 **방**

口
11획
7급
물을 **문**

탐訪: 올해 학생들은 해외로 문화 탐訪을 떠날 예정이다.

동問서답: 기자의 물음에 정치인은 계속 동問서답을 했다.

발표 세상에 널리 알림

發 announcement, presentation 表

氺
12획
6급Ⅱ
필 **발**

衣
8획
6급Ⅱ
겉 **표**

출發: 버스는 6시 정각에 출發할 것이다.

表현: 이 선물은 선생님에 대한 감사의 表현입니다.

범위 어떤 것이 미치는 한계

範

scope, range

竹
15획
4급

법 범

에워쌀 위

□
12획
4급

광범위: 광範위한 산불로 지역의
시민들이 고통을 겪고 있다.

분위기: 방학식이라 교실
분圍기가 들떠있다.

편견 한쪽으로 치우친 생각

偏

prejudice, bias

見

亻
11획
3급Ⅱ

치우칠 편

볼 견

見
7획
5급Ⅱ

편식: 나는 偏식하는 것 없이
잘 먹는다.

선입견: 편견과 선입見에서
벗어나기는 쉽지 않다.

음속 소리의 속도

the speed of sound, sonic speed

音
9획
6급Ⅱ

소리 음

辶
11획
6급

빠를 속

발음: 미국식 영어와 영국식 영어는 발음에 차이가 난다.

과速: 빗길과 눈길에서 과速으로 달리는 것은 위험하다.

소비 써서 없앰

spend, consume

消

氵
10획
6급Ⅱ

사라질 소

費

貝
12획
5급

쓸 비

취消: 비가 와서 축구 경기가 취消되었다.

낭費: 쓸데없는 걱정을 하는 것은 시간 낭費다.

단체 같은 목적을 달성하기 위해 모인 사람들의 조직

group

□
14획
5급II

둥글 단/경단 단

骨
23획
6급II

몸 체

집團: 전염병의 집團 감염으로 인해 예정된 행사가 연기되었다.

體험: 이 수필은 작가가 직접 體험한 것을 쓴 것이다.

단위 수량을 수치로 나타낼 때의 일정한 기준

unit

位

□
12획
4급II

홑 단

亻
7획
5급

자리 위, 임할 리(이)

單독: 그 선수는 득점 부문에서 單독 선두에 올랐다.

지位: 높은 지位에 올라갈수록 그만큼 책임도 커진다.

주어진 문장에 알맞은 한자를 <보기>에서 찾아 빈칸을 완성하세요.

<보기> 交 近 良 問 發 訪 費 洗 消 速
　　　 手 陽 外 音 切 最 親 改 太 表

1. 한국과 일본은 ☐☐ 문제로 갈등을 겪기도 한다.
　　　　　　　　　 외　교

2. 새해에 떠오르는 ☐☐ 을 보며 소원을 빌었다.
　　　　　　　　　 태　양

3. 나는 가끔 모르는 사람에게 필요 이상으로 ☐☐ 을 베푼다.
　　　　　　　　　　　　　　　　　　　　　 친　절

4. 어머니의 병실에는 사람들의 ☐☐ 이 끊이질 않았다.
　　　　　　　　　　　 방　문

5. ☐☐ 다이어트에 관심을 갖게 되면서 채소 ☐☐
　　 최　근　　　　　　　　　　　　　　　　 소　비
가 크게 늘었다.

혼란 어지럽고 질서가 없음

混

confusion, chaos

亂

氵
11획
4급

섞을 혼

ㄴ
13획
4급

어지러울 란(난)

混잡: 도로에 추돌 사고가 일어나서 심한 교통 混잡을 겪고 있다.

亂리: 내 동생은 아침부터 배고프다고 亂리였다.

관점 무언가를 관찰할 때 그것에 대해 생각하는 입장 또는 방향

觀

point of view, perspective

點

見
24획
5급Ⅱ

볼 관

黑
17획
4급

점 점

가치觀: 아이들이 올바른 가치觀을 형성할 수 있도록 교육해야 한다.

초點: 수업 시간에 졸려서 눈동자의 초點이 점점 흐려져 갔다.

入	들 입 부수 入 획 2획	心	마음 심 부수 心 획 4획
天	하늘 천 부수 大 획 4획	川	내 천 부수 巛 획 3획
夫	지아비 부 부수 大 획 4획	出	날 출 부수 凵 획 5획
問	물을 문 부수 口 획 11획	千	일천 천 부수 十 획 3획
口	입 구 부수 口 획 3획	百	일백 백 부수 白 획 6획

순환 주기적으로 되풀이하여 돎

cycle,
rotate

彳
12획
3급

돌 순

王
17획
4급

고리 환

循차: 내년부터 교육 과정은
循차적으로 바뀔 예정이다.

環경: 깨끗한 環경을 다음 세대에
물려주어야 한다.

세균 가장 미세하고 가장 하등에 속하는 단세포성 생물

germ,
bacteria

糸
11획
4급Ⅱ

가늘 세

艹
11획
3급Ⅱ

버섯 균

상細: 당신의 문제에 관해 상細하게
설명해 주십시오.

병菌: 병菌에 감염되지 않도록
청결에 신경써야 한다.

중지 일을 중도에서 그침

stop, cease

|
4획
8급

가운데 중

止
4획
5급

그칠 지

도中: 내가 말하는 도中에
친구가 끼어들었다.

방止: 환경 오염 방止를 위해 우리는
무슨 노력을 할 수 있을까요?

도착 목적지에 다달음

arrival

刂
8획
5급Ⅱ

이를 도

目
12획
5급Ⅱ

붙을 착

到달: 원하는 목표에 到달하려면
더 노력해야 한다.

着수: 경찰이 드디어 미제사건
재수사에 着수했다.

사진 사진기로 물체를 찍어냄

寫

picture, photo

眞

宀
15획
5급

베낄 사

目
10획
4급Ⅱ

참 진

복寫: 중요한 서류는 복寫하여 따로 보관해 두었다.

眞심: 너의 생일을 眞심으로 축하한다.

연결 서로 이어 맺음

連

connection, link

結

辶
11획
4급Ⅱ

잇닿을 련(연)

糸
12획
5급Ⅱ

맺을 결

連속: 우리 학교 축구 팀은 2년 連속으로 우승했다.

완結: 이 소설의 완結판은 언제 나오나요?

명령 무엇을 하도록 시킴

order, command

口
8획
7급

목숨 명

人
5획
5급

하여금 령(영)

운命: 죽음은 결국 피할 수 없는 운命이다.

법令: 개정된 법令이 내년부터 시행될 예정이다.

병원 병자를 진찰, 치료할 수 있도록 만든 곳

hospital

院

疒
10획
6급

병 병

阝
10획
5급

집 원

질病: 마스크 착용은 감기 등의 질病을 예방하는 데 효과적이다.

입院: 의사는 나에게 당장 입院을 하라고 했다.

充	채울 충 부수 儿 획 6획	害	해할 해 부수 宀 획 10획
宅	댁 댁, 집 택 부수 宀 획 6획	化	될 화 부수 化 획 4획
品	물건 품 부수 口 획 9획	效	본받을 효 부수 攵 획 10획
必	반드시 필 부수 心 획 5획	凶	흉할 흉 부수 凵 획 4획
筆	붓 필 부수 竹 획 12획	責	꾸짖을 책, 빚 채 부수 貝 획 11획

중요 귀중하고, 소중함

importance;
important

里
9획
7급

무거울 중, 아이 동

西
9획
5급Ⅱ

요긴할 요/허리 요

소重: 아프고 나니 건강의
소重함을 알겠다.

수要: 드라마에서 연예인이 사용한
상품의 수要가 늘고 있다.

창문 채광과 통풍을 위해 만든 문

window

穴
11획
6급Ⅱ

창 창

門
8획
8급

문 문

窓구: 여름에는 야외 수영장이
열기도 전에 매표窓구가 붐빈다.

가門: 알고 보니 그는 왕족 가門
출신이라고 했다.

주어진 문장에 알맞은 한자를 〈보기〉에서 찾아 빈칸을 완성하세요.

〈보기〉 强 競 警 計 告 慮 備 設 飾 念
僞 裝 爭 制 造 座 幣 包 含 貨

1. ☐☐ 을 할 때는 정정당당히 해야 한다.
　　경　쟁

2. 비신사적으로 경기하면 심판이 ☐☐ 를 준다.
　　　　　경　고

3. 오늘 수업한 내용까지 시험 범위에 ☐☐ 이 됩니다.
　　　　　포　함

4. 나는 은행에서 저축을 위한 새로운 ☐☐ 를 개설했다.
　　　　계　좌

5. 선생님께 ☐☐ 를 끼쳐 드려 죄송합니다.
　　염　려

지점 분점에서 갈려 나온 가게

支 **branch** 店

支
4획
4급Ⅱ

지탱할 지

广
8획
5급Ⅱ

가게 점

의支: 나는 내 여동생에 의支를 많이 한다.

서店: 학교 가기 전에 서店에 들러서 참고서를 샀다.

항해 배를 타고 바다를 건넘

航 **voyage, sailing** 海

舟
10획
4급Ⅱ

배 항

氵
10획
7급Ⅱ

바다 해

운航: 악천후로 인해 비행기 운航이 모두 중단됐다.

海외: 나는 海외여행을 가 본 적이 없다.

위조 속일 목적으로 진짜처럼 꾸며서 만듦

fake, counterfeit

イ
14획
3급II

거짓 위, 잘못될 와

辶
11획
4급II

지을 조

僞장: 카멜레온은 僞장에 뛰어난 동물이다.

구造: 새로 생긴 쇼핑몰의 구造가 복잡해서 길을 잃을 뻔했다.

계좌 은행에 예금이나 대출 등을 하려고 만든 자리

account

言
9획
6급II

셀 계

广
10획
4급

자리 좌

시計: 공부를 하다가 시計를 보니 벌써 밤 열 시가 넘었다.

강座: 이번에 새로운 강座가 개설되어서 수강생이 늘어날 것이다.

한계 사물의 정해 놓은 범위

limit, limitation

ß
9획
4급 II

한할 **한**

田
9획
6급 II

지경 **계**

제限: 이 도로는 최고 시속 80km로 제限되어 있다.

세界: 인터넷을 통해 전 세界 문화를 체험할 수 있다.

광고 널리 세상에 알림

advertisement, commercial

广
15획
5급 II

넓을 **광**

口
7획
5급 II

고할 **고**

廣장: 시청 앞 廣장에서 수많은 시민들이 모여 시위를 하고 있다.

告백: 나는 우물쭈물하다가 그에게 告백할 기회를 놓치고 말았다.

포함 어떤 사물이나 현상 안에 함께 들어 있음

inclusion

勹
5획
4급II

쌀 포/꾸러미 포

口
7획
3급II

머금을 함

包장: 친구 생일 선물을 예쁜 종이로 包장했다.

含축: 이 글에 含축된 의미가 무엇인지 곰곰이 생각해 보았다.

화폐 상품 교환을 매개하는 일반화된 수단

currency, money

貝
11획
4급II

재물 화

巾
14획
3급

화폐 폐

貨물: 기차는 방금 貨물을 잔뜩 싣고 출발했다.

지幣: 아이들에게 세뱃돈을 주기 위해 새 지幣를 준비했다.

주어진 문장에 알맞은 한자를 <보기>에서 찾아 빈칸을 완성하세요.

<보기> 告 廣 到 令 命 門 病 要 界 院
        店 中 重 支 止 着 窓 限 航 海

1. 회사 인지도를 높이려면 ⬜⬜ 를 적극적으로 활용해야 한다.
   광 고

2. 내 인내심이 ⬜⬜ 에 도달했다.
   한 계

3. 밑줄 친 부분이 가장 ⬜⬜ 하다.
   중 요

4. 바람에 ⬜⬜ 이 저절로 닫혔다.
   창 문

5. 교통사고를 당한 환자가 방금 ⬜⬜ 에 ⬜⬜ 했다.
   병 원   도 착

염려 여러 가지로 마음을 쓰며 걱정함

concern,
worry

心
8획
5급Ⅱ

생각 념(염)

生각할 려(여)

心
15획
4급

체념: 그는 체념한 듯
쓸쓸한 웃음을 지었다.

고려: 계획을 세울 때
考慮해야 될 것들이 많다.

강제 억지로 시킴

compulsion,
coercion

制

弓
11획
6급

강할 강

절제할 제

刂
8획
4급Ⅱ

강요: 부모님께서는 반드시
공부하라고 强要하지 않으신다.

억제: 나는 마음 속에 끓어오르는
분노를 抑制하기가 힘들었다.

同	한가지 동 부수 口 획 6획	夕	저녁 석 부수 夕 획 3획
春	봄 춘 부수 日 획 9획	少	적을 소 부수 小 획 4획
夏	여름 하 부수 夊 획 10획	地	땅 지 부수 土 획 6획
秋	가을 추 부수 禾 획 9획	文	글월 문 부수 文 획 4획
冬	겨울 동 부수 冫 획 5획	字	글자 자 부수 子 획 6획

경고 　조심하도록 미리 주의를 줌

警 　warning　 告

言
19획
4급Ⅱ

깨우칠 경/경계할 경

口
7획
5급Ⅱ

고할 고

警찰: 警찰이 맹추격 끝에
도둑을 잡았다.

충告: 의사는 식습관을 개선해야
한다고 충告했다.

장식 　액세서리 등으로 꾸밈

　decoration　 飾

衣
13획
4급

꾸밀 장

食
14획
3급Ⅱ

꾸밀 식

분裝: 학교 축제에 참여하기 위해
가발과 화장품으로 분裝했다.

가飾: 그의 눈물에서 가飾이
느껴지지 않았다.

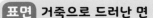

표면 거죽으로 드러난 면

surface

衣
8획
6급Ⅱ

겉 **표**

面
9획
7급

낯 **면**/밀가루 **면**

表정: 아이들은 들뜬 表정을 하고
과자를 든 내 앞에 모였다.

내面: 그 배우는 주인공이 가진
내面의 어두움을 잘 표현했다.

도로 사람이나 차가 다니는 길

road

路

辶
13획
7급Ⅱ

길 **도**

足
13획
6급

길 **로(노)**

인道: 달리던 차가 인道로 뛰어들어
행인을 덮칠 뻔 했다.

고속 道路: 이 길로 쭉 가면
고속 道路와 이어진다.

경쟁 같은 목적에 대하여 앞서려고 서로 겨룸

競　competition　爭

立
20획
5급

다툴 경

ノ┐
8획
5급

다툴 쟁

競기: 오늘 프로 야구 競기 개막식이 열린다.

爭점: 爭점이 되는 사안을 주제로 토론을 준비할 것이다.

설비 필요한 것을 갖춤 또는 그런 물건, 시설

設　equipment　備

言
11획
4급Ⅱ

베풀 설

亻
12획
4급Ⅱ

갖출 비

設정: 수업 시작 전에는 휴대 전화를 무음으로 設정해두어라.

준備: 나는 요즘 중간고사 시험 준備로 바쁘다.

마차 말이 끄는 수레

wagon, carriage

馬
10획
5급

말 마

車
7획
7급II

수레 차

새옹지馬: 세상의 일은 새옹지馬라고, 일이 풀리는 날이 있을 것이다.

자동車: 주말이라 그런지 자동車로 도로가 붐빈다.

시초 맨 처음

origin, root

女
8획
6급II

비로소 시

刀
7획
5급

처음 초

始작: 수업 始작 시간은 9시부터이다.

初심: 어떤 자리에 있든지 初심을 잃지 마라.

情	뜻 정 부수 忄 획 11획	週	돌 주 부수 辶 획 12획
調	고를 조, 아침 주 부수 言 획 15획	知	알 지 부수 矢 획 8획
卒	마칠 졸 부수 十 획 8획	質	바탕 질 부수 貝 획 15획
種	씨 종 부수 禾 획 14획	着	붙을 착 부수 目 획 12획
州	고을 주 부수 巛 획 6획	參	참여할 참 부수 厶 획 11획

야경 밤의 경치

nightscape, night view

夕
8획
6급
밤 야

日
12획
5급
볕 경

夜식: 우리는 살을 빼기 위해 夜식을 끊기로 했다.

광景: 아름다운 해돋이 광景을 보기 위해 동해로 가자.

설명 풀이하여 밝힘

explanation

言
14획
5급II
말씀 설

日
8획
6급II
밝을 명

소說: 나는 오늘 소說책을 읽을 것이다.

明랑: 예은이는 슬픔을 감추기 위해 애써 明랑한 척 한다.

주어진 문장에 알맞은 한자를 <보기>에서 찾아 빈칸을 완성하세요.

〈보기〉 康 建 檢 慣 挑 絡 論 脈 福 索
習 示 興 例 戰 組 增 祉 織 進

1. 선생님이 적절한 [ ][ ] 를 들어 설명을 해주셨다.
　　　　　　　　　예　시

2. 필요한 정보 [ ][ ] 을 잘 하는 것도 능력이다.
　　　　　　　검　색

3. [ ][ ] 을 유지하기 위해 운동을 시작하기로 결심했다.
　　건　강

4. 늦잠 자는 [ ][ ] 이 몸에 배어 있다.
　　　　　　습　관

5. 그 수영 선수는 이번에 본인의 최고 기록 [ ][ ] 에 나선다.
　　　　　　　　　　　　　　　　　　　도　전

규칙 사람이 지켜야 할 준칙

規
見
11획
5급
법 규

rule,
regulation

則
刂
9획
5급
법칙 칙

規격: 제품 크기가 規격화되어
대량 생산이 가능하다.

반則: 경기 중 거칠게 반則하던
선수가 퇴장을 당했다.

대신 남을 대리함

代
亻
5획
6급 II
대신할 대

substitute,
replacement

身
身
7획
6급 II
몸 신

代표: 누리는 무용 대회에서
학교 代표로 상을 받았다.

자身: 나 자身 외에는
믿을 사람이 없다.

습관 오랫동안 되풀이 되어 익혀진 행동 방식

習 **habit** 慣

羽
11획
6급

익힐 **습**

亻
14획
3급Ⅱ

익숙할 **관**

관習: 이전부터 내려오는 관習이라 고 해서 꼭 따를 필요는 없다.

慣성: 달리던 자동차가 慣성으로 인 해 좀 더 나아가서 멈출 수 있었다.

도전 정면으로 맞서 싸우고자 함

挑 **challenge** 戰

扌
9획
3급

돋울 **도**, 돋울 **조**

戈
16획
6급Ⅱ

싸움 **전**

挑발: 이번에는 코치와 함께 상대의 挑발에 흔들리지 않는 훈련을 했다.

백戰백승: 상대를 알고 나를 알면 백戰백승이다.

기념 기억하여 잊지 아니함

 celebration; celebrate

言
10획
7급 II

기록할 기

心
8획
5급 II

생각 념(염)

일記: 선생님은 방학 때마다 일기 쓰기를 숙제로 내 주신다.

신念: 굳은 신념을 지키는게 쉽지 않다.

통지 기별하여 알림

 notice, notification 知

氵
9획
7급

골 동, 밝을 통

矢
8획
5급 II

알 지

洞찰: 고전 소설을 읽고 당시 사회에 대한 洞찰을 엿볼 수 있었다.

知식: 독서는 배경知식을 습득하는 데 도움이 된다.

건강 정신적으로 육체적으로 튼튼한 상태

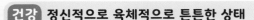

建 health 康

辶
9획
5급
세울 건

广
11획
4급Ⅱ
편안 강/들 강

建의: 이번 주민 회의에서 주차장 CCTV 설치를 建의했다.

소康: 이틀 간 지속된 장마가 소康 상태에 들어갔다.

증진 기운이나 세력이 점점 늘어 감

增 enhancement 進

土
15획
4급Ⅱ
더할 증, 겹칠 층

辶
12획
4급Ⅱ
나아갈 진

체력增진: 체력 增진을 목적으로 체육 교실에 다닌다.

추進: 그는 일할 때 소극적이고, 추進력이 부족하다.

주어진 문장에 알맞은 한자를 〈보기〉에서 찾아 빈칸을 완성하세요.

〈보기〉 景 規 記 念 代 道 路 馬 面 明
說 始 身 夜 知 車 初 則 洞 表

1. 부모님의 결혼 30주년을 [ ][ ] 하여 용돈을 챙겨드렸다.
기 념

2. 그 일을 [ ][ ] 하자면 이야기가 너무 복잡하고 길어진다.
설 명

3. 스포츠는 [ ][ ] 을 알고 봐야 더 재미있다.
규 칙

4. 남산에서 서울의 [ ][ ] 을 내려다봤다.
야 경

5. [ ][ ] 의 [ ][ ] 이 울퉁불퉁해서 차가 심하게
도 로 표 면
흔들린다.

여론 사회 구성원들의 공통된 의견

public opinion

車
17획
3급

수레 여

言
15획
4급Ⅱ

논할 론(논), 조리 륜(윤)

輿論조사: 선거를 앞두고 각종 輿論 조사 결과가 발표되었다.

언론: 언론 기관은 공정한 보도를 할 책임이 있다.

복지 행복을 누리는 삶

welfare

示
14획
5급Ⅱ

복 복

示
9획
1급

복 지

福불福: 한 예능 프로그램에서 아침 밥을 놓고 福불福 대결을 한다.

사회복祉: 사회복祉 분야에 많은 예산이 집중되었다.

語	말씀 어 부수 言 획 14획	花	꽃 화 부수 艹 획 7획
有	있을 유 부수 月 획 6획	村	마을 촌 부수 木 획 7획
命	목숨 명 부수 口 획 8획	草	풀 초 부수 艹 획 9획
住	살 주 부수 亻 획 7획	林	수풀 림(임) 부수 木 획 8획
主	임금 주, 주인 주 부수 丶 획 5획	休	쉴 휴 부수 亻 획 6획

검색 책이나 컴퓨터로부터 필요한 자료를 찾아냄

檢
search,
look for
索

木
17획
4급Ⅱ
검사할 검

糸
10획
3급Ⅱ
찾을 색

檢토: 나는 답안지를 제출하기 전에 檢토할 시간이 없었다.

사索: 혼자서 영화를 보고 사索에 잠기는 것을 좋아한다.

조직 특정 목적을 달성하기 위해 모인 집단

組
group,
organization
織

糸
11획
4급
짤 조

糸
18획
4급
짤 직

組합: 한글은 자음과 모음의 組합에 의해 이루어진다.

織물: 다리미를 사용할 때 옷의 織物에 따라 온도를 달리해야 한다.

귀중 귀하고 소중함

precious,
valuable,
priceless

貝
12획
5급

귀할 귀

里
9획
7급

무거울 중, 아이 동

부貴: 부貴와 명예 모두 나에게 아무 의미가 없다.

重시: 결국 국가의 원수들은 자국의 이익을 가장 重시할 수밖에 없다.

공정 공평하고 올바름

justice,
fairness

八
4획
6급Ⅱ

공평할 공

止
5획
7급Ⅱ

바를 정

公평: 교육의 기회는 누구에게나 公평해야 한다.

正직: 그는 성실하고 正직해 보였다.

예시 본보기를 들어 보임

例 example 示

イ
8획
6급
법식 례(예)

示
5획
5급
보일 시

사例: 자신의 주장을 뒷받침하는 구체적인 사例를 들었다.

암示: 시합 전에 자기 암示를 통해 자신감을 찾고 긴장을 푼다.

맥락 어떤 일이나 사물이 서로 이어져 있는 관계

脈 context 絡

月
10획
4급Ⅱ
줄기 맥

糸
12획
3급Ⅱ
이을 락(낙)

문脈: 단어는 문脈에 따라 다른 의미로 사용될 수 있다.

연絡: 무슨 일이 있으면 언제든지 나에게 연絡을 해라.

졸병 계급이 낮은 군인

a soldier with a low rank

十
8획
5급Ⅱ

마칠 졸

八
7획
5급Ⅱ

병사 병

卒업: 이제 한 달 후면 卒업이다.

해兵: 훈련을 끝낸 해兵들이 육지로 올라가기 시작했다.

부하 상관 명령에 따라 움직이는 사람

部 subordinate 下

阝
11획
6급Ⅱ

떼 부/거느릴 부

一
3획
7급Ⅱ

아래 하

部분: 네 말에 이해가 안 되는 部분이 있어.

천下무적: 그는 마치 천下무적인 듯 행동했다.

任	맡길 임/맞을 임 부수 亻 획 6획	典	법 전 부수 八 획 8획
材	재목 재 부수 木 획 7획	展	펼 전 부수 尸 획 10획
財	재물 재 부수 貝 획 10획	切	끊을 절, 온통 체 부수 刀 획 4획
的	과녁 적 부수 白 획 8획	節	마디 절 부수 ⺮ 획 15획
傳	전할 전 부수 亻 획 13획	店	가게 점 부수 广 획 8획

반성 허물을 스스로 돌려서 살핌

reflection

又
4획
6급II

돌이킬 반/돌아올 반

目
9획
6급II

살필 성

反대: 나는 부모님의 反대에도
불구하고 결혼을 했다.

省찰: 학자들은 사회를 비판적으로
省찰할 수 있어야 한다.

행복 만족감을 느끼는 상태

happiness

干
8획
6급II

다행 행

示
13획
5급II

복 복

불幸: 불幸 중 다행이다.

福권: 지난주에 샀던
福권이 당첨되었다.

주어진 문장에 알맞은 한자를 <보기>에서 찾아 빈칸을 완성하세요.

<보기>　強　介　級　技　慮　漫　望　媒　配　報
　　　　疏　紹　野　要　情　體　通　特　學　畫

1. 우리 학년에는 세 ☐☐ 이 있다.
　　　　　　　　　　학　급

2. 부모님께서 내게 공부하라고 ☐☐ 하신 적이 없다.
　　　　　　　　　　　　　　　　강　요

3. 동생과 나는 소설책보다 ☐☐ 책 읽는 것을 더 좋아했다.
　　　　　　　　　　　　　　만　화

4. 나는 주위 사람들의 세심한 ☐☐ 에 감동을 받았다.
　　　　　　　　　　　　　　배　려

5. 그 쇼트트랙 선수의 ☐☐ 는 스피드와 추월이다.
　　　　　　　　　　특　기

소풍 자연관찰을 위해 단체로 교외로 나가는 일

picnic, excursion

氵
10획
6급Ⅱ

사라질 소

風
9획
6급Ⅱ

바람 풍

消化: 저녁에 과식을 했더니 消化가 잘 안된다.

선風기: 여름에는 선風기 바람에 젖은 머리를 말린다.

노소 늙은이와 젊은이

old and young

老
6획
7급

늙을 로(노)

小
4획
7급

적을 소/젊을 소

老人: 옆집 老人은 외로운 나날을 보내고 있었다.

청少년: 요즘 청少년들은 어떤 스포츠를 좋아하니?

매체 한쪽에서 다른 쪽으로 전달하는 수단

媒 media 體

女
12획
3급II

중매 매

骨
23획
6급II

몸 체

媒介: 코로나 바이러스는 비말을 媒개로 전염된다.

전體: 문제의 부분만 보지말고 전體를 바라볼 수 있어야 한다.

소통 뜻이 서로 통함

疏 communication 通

疋
12획
3급II

소통할 소

辶
11획
6급

통할 통

의사疏통: 사람들은 언어를 매개로 의사疏통을 한다.

通신: 기지국 화재로 인해 잠깐 동안 通신이 마비되는 사태가 발생했다.

물건 | 사람이 필요에 따라 만들어 낸, 일정한 형태를 가진 대상

物 **thing, stuff, object** 件

牛
8획
7급 II
물건 물

亻
6획
5급
물건 건

사物: 시력이 안 좋아서 눈 앞의 사物이 흐릿하게 보인다.

사件: 소설의 세 가지 구성 요소는 인물, 사件, 배경이다.

상품 | 사고 파는 물건

 merchandise, products, goods

口
11획
5급 II
장사 상

口
9획
5급 II
물건 품

商점: 늦은 밤에도 도시의 商점에는 손님이 많다.

상品: 교내 달리기 대회의 우승 상品은 최신 노트북이다.

배려 도와주거나 보살펴주려고 마음 씀

配  considerate 慮

酉
10획
4급II

나눌 배/짝 배

心
15획
4급

생각할 려(여)

택配: 내가 산 물건이 택配 회사를 통해 배송 중이다.

격慮: 어머니는 지친 나에게 조언과 격慮를 아끼지 않았다.

정보 관찰이나 측정을 통해 수집한 자료를 정리한 지식

情 information 報

忄
11획
5급II

뜻 정

土
12획
4급II

갚을 보/알릴 보

냉情: 친구의 무리한 요구에 냉情한 목소리로 거절했다.

報도: 새해 첫날부터 유명 연예인의 열애설이 報도되었다.

주어진 문장에 알맞은 한자를 〈보기〉에서 찾아 빈칸을 완성하세요.

〈보기〉 件 公 貴 老 物 反 兵 福 部 商
省 少 消 正 卒 重 品 風 下 幸

1. 주말에 날씨가 좋으면 ☐☐ 을 가는 게 어때?
   소   풍

2. 너는 실수에 대한 ☐☐ 의 기미가 보이지 않는구나.
   반   성

3. 대위는 자신의 ☐☐ 들이 명령에 복종하게 만들었다.
   부   하

4. 이 영화는 남녀 ☐☐ 를 불문하고 모든 관객들이 좋아했다.
   노   소

5. ☐☐ 한 ☐☐ 은 개인 사물함에 보관해라.
   귀   중   물   건

만화 이야기를 그림으로 그려서 나타낸 것

cartoon

氵
14획
3급

흩어질 만

田
12획
6급

그림 화, 그을 획

산漫: 카페의 분위기가 산漫해서 대화에 집중이 안된다.

畫가: 내 동생은 어릴 때부터 그림을 좋아하더니 결국 畫가가 되었다.

소개 모르는 두 사이가 알고 지낼 수 있게 관계 맺어 줌

introduce, mediate

糸
11획
2급

이을 소, 느슨할 초

人
4획
3급Ⅱ

낄 개/낱 개

자기紹개: 신입생들은 돌아가면서 자기紹개를 했다.

介입: 선생님은 학생들 사이의 문제에 깊이 介입하지 않는 것이 좋다.

所	바 소 부수 戶 획 8획	老	늙을 로(노) 부수 老 획 6획
來	올 래(내) 부수 人 획 8획	里	마을 리(이) 부수 里 획 7획
育	기를 육 부수 月 획 8획	祖	할아버지 조/ 조상 조 부수 示 획 10획
面	낯 면 부수 面 획 9획	重	무거울 중 부수 里 획 9획
色	빛 색 부수 色 획 6획	便	편할 편, 똥오줌 변 부수 亻 획 9획

야망 분에 넘치는 큰 희망

ambition

里
11획
6급

들 야

月
11획
5급II

바랄 망, 보름 방

분野: 자신이 전문으로 할 수 있는
분野가 있어야 한다.

실望: 아무래도 기대가 크면
실望도 큰 법이다.

강요 무리하게 요구함

pressure,
coercion, force

要

弓
11획
6급

강할 강

襾
9획
5급II

요긴할 요/허리 요

強도: 선수들은 올림픽을 앞두고
強도 높은 훈련을 받고 있다.

要령: 어려운 일도 자꾸 하다 보면
要령이 생긴다.

식목 나무를 심음

planting trees

木
12획
7급

심을 식, 둘 치

木
4획
8급

나무 목

植物: 나는 다양한 종류의 植物을 가꾸는 것을 좋아한다.

木材: 튼튼한 가구를 만들기 위해 좋은 木材를 고르고 있다.

당번 차례의 번이 됨

turn

田
13획
5급II

마땅 당

田
12획
6급

차례 번

當然: 잘못했으면 사과를 하는 것이 當연하다.

매番: 사장님은 회의 때마다 매番 지각하신다.

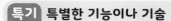

특기 특별한 기능이나 기술

特 specialty 技

牛
10획
6급

특별할 특

재주 기

扌
7획
5급

特색: 내가 좋아하는 의류 브랜드들은 저마다 다른 特색이 있다.

묘技: 서커스단의 고난도 묘技에 감탄했다.

학급 같은 때 같은 교실에서 학습하는 아동

學 class, classroom 級

子
16획
8급

배울 학

등급 급

糸
10획
6급

수學: 나에게는 상당히 어려운 수學 문제였다.

級훈: 우리 반의 級훈을 정하기 위한 학급 회의가 열렸다.

비료 거름

肥 fertilizer 料

月
8획
3급Ⅱ

살찔 **비**

斗
10획
5급

헤아릴 **료(요)**

천고마肥: 가을은 하늘이 높고 말이
살찌는 천고마肥의 계절이다.

料금: 대중교통 料금이
인상되었다.

일과 날마다 하는 일

日 routine 課

日
4획
8급

날 **일**

言
15획
5급Ⅱ

공부할 **과**/과정 **과**

작심삼日: 운동하겠다는 결심이
늘 작심삼日로 끝난다.

課외: 비싼 課외 비용이 어머니께
큰 부담이 된다.

惡	악할 악, 미워할 오 부수 心 획 12획	雨	비 우 부수 雨 획 8획
約	맺을 약 부수 糸 획 9획	雲	구름 운 부수 雨 획 12획
養	기를 양 부수 食 획 15획	元	으뜸 원 부수 儿 획 4획
要	요긴할 요/ 허리 요 부수 襾 획 9획	偉	클 위 부수 亻 획 11획
友	벗 우 부수 又 획 4획	以	써 이 부수 人 획 5획

가입 단체에 들어감

加 入

join,
sign up

力
5획
5급

더할 가

들다/들이다 **입**

入
2획
7급

첨加: 화학조미료가 많이 첨加된
음식은 건강에 해롭다.

入학: 너의 초등학교 入학을
진심으로 축하한다.

의무 마땅히 해야 할 일, 맡은 일

義 務

duty,
obligation

羊
13획
4급Ⅱ

옳을 **의**

힘쓸 **무**

力
11획
4급Ⅱ

정義: 경찰들은 정義가 구현되는
사회를 만드는 데 노력을 한다.

용務: 급한 용務가 있어서
잠시 나갔다 오겠습니다.

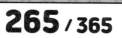

주어진 문장에 알맞은 한자를 〈보기〉에서 찾아 빈칸을 완성하세요.

〈보기〉 角 敬 郡 根 氣 記 落 頭 量 守
弱 熱 葉 爭 戰 絶 點 尊 測 號

1. 우리는 졸업식에서 담임 선생님께 ☐☐ 을 표했다.
존 경

2. 바람이 불자 나무에서 ☐☐ 이 떨어졌다.
낙 엽

3. ☐☐ 으로 인한 상처가 아물기를 바란다.
전 쟁

4. 나는 남에게 내 ☐☐ 을 드러내는 것이 극도로 싫다.
약 점

5. 당신의 주장에 대한 ☐☐ 가 무엇인지 알고 싶습니다.
근 거

우정 친구 사이의 정

友 friendship 情

又
4획
5급Ⅱ

벗 우

忄
11획
5급Ⅱ

뜻 정

죽마고友: 옆집 사는 진희와 나는
죽마고友이다.

사情: 선생님께서 오늘 피치 못할
사情으로 결근하셨다.

동화 어린이를 상대로 하여 지은 이야기

童 fairy tale 話

立
12획
6급Ⅱ

아이 동

言
13획
7급Ⅱ

말씀 화

童요: 童요를 틀어주자 동생은
큰 소리로 따라 불렀다.

대話: 오랜만에 죽마고우와 깊은
대話를 나누었다.

군수 군의 행정 우두머리

郡 mayor 守

ß
10획
6급

고을 군

宀
6획
4급Ⅱ

지킬 수

郡청: 郡청에서 산불이 난 피해
지역을 복구하는 작업에 나섰다.

고守: 정부에서는 기존 정책을
고守한다고 발표했다.

근거 어떤 일이 되는 까닭, 근본

根 basis, ground 據

木
10획
6급

뿌리 근

扌
16획
4급

근거 거, 할퀼 극

根절: 여러 단체에서 가정 폭력
根절을 위한 캠페인을 벌이고 있다.

증據: 검사는 범인의 자백을
증據로 들었다.

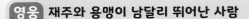

영웅 재주와 용맹이 남달리 뛰어난 사람

 **英** hero **雄**

艹
8획
6급
꽃부리 영/뛰어날 영

隹
12획
5급
수컷 웅

英어: 단어만 많이 외운다고 英어 실력이 늘지 않는다.

雄장: 구름이 걷히자 드러난 설악산의 모습은 雄장해 보인다.

충분 부족함이 없음

充 enough, sufficient  **分**

儿
6획
5급Ⅱ
채울 충

刀
4획
6급Ⅱ
나눌 분

充전: 내 무선 이어폰은 한 번 充전으로 이틀 정도 사용할 수 있다.

分류: 이 자료들은 어떤 기준으로 分류된 건가요?

두각 여럿 중에서 뛰어난 학식이나 재능

頭 prominence **角**

頁
16획
6급

머리 두

角
7획
6급Ⅱ

뿔 각, 사람이름 록(녹)

선頭: 선頭에 있던 우리나라 선수가 곧바로 따라잡혔다.

角도: 우리 앞에 놓인 문제를 여러 角도로 살펴보자.

약점 모자라서 남에게 뒤떨어지는 점

弱 weakness **點**

弓
10획
6급Ⅱ

약할 약

黑
17획
4급

점 점

허弱: 어린 시절부터 나는 허弱한 체질이었다.

點수: 방학동안 공부를 열심히 했더니 수학 點수가 많이 올랐다.

주어진 문장에 알맞은 한자를 〈보기〉에서 찾아 빈칸을 완성하세요.

〈보기〉 加 課 當 童 料 木 務 番 分 肥
植 英 友 雄 義 日 入 情 充 話

1. 보험 ⬜⬜ 을 권유하는 전화가 많이 와서 귀찮다.
　　　가　입

2. 다툴 때마다 우리의 ⬜⬜ 에 금이 갈까 걱정된다.
　　　　　　우　정

3. 숙제를 끝내는 데 이틀이면 ⬜⬜ 하다.
　　　　　　충　분

4. 모든 국민은 법을 지켜야 할 ⬜⬜ 가 있다.
　　　　　　의　무

5. ⬜⬜ 일 행사를 위해 묘목과 ⬜⬜ 등을 준비했다.
　식　목　　　　　　　　　비　료

열기 뜨거워진 기운이나 분위기

heat; excitement

灬
15획
5급
더울 열

气
10획
7급Ⅱ
기운 기

熱정: 학교 생활은 힘들지만 학문에 대한 熱정은 식지 않았다.

생氣: 오랜만에 본 친구의 얼굴에는 생氣가 넘쳤다.

전쟁 나라 사이에 벌어진 큰 싸움

戰

war

戈
16획
6급Ⅱ
싸움 전

爫
8획
5급
다툴 쟁

작戰: 감독과 코치들이 모여서 경기 전 작戰 회의를 하고 있다.

논爭: 방송에서 논爭의 여지가 있는 발언은 삼가는 게 좋다.

洞	골 동 부수 氵 획 9획	紙	종이 지 부수 糸 획 10획
邑	고을 읍 부수 邑 획 7획	然	그럴 연 부수 灬 획 12획
算	셈 산 부수 竹 획 14획	旗	기 기 부수 方 획 14획
數	셈 수 부수 攵 획 15획	植	심을 식, 둘 치 부수 木 획 12획
登	오를 등 부수 癶 획 12획	歌	노래 가 부수 欠 획 14획

기호 어떤 뜻을 나타내기 위한 문자나 부호

symbol

記

言
10획
7급Ⅱ

기록할 기

號

虍
13획
6급

이름 호/부르짖을 호

記자: 비리 사건에 대한 記자들의
취재 열기가 뜨겁다.

信號등: 信號등이 녹색으로 변할 때
길을 건너세요.

낙엽 나뭇잎이 떨어짐 또는 그 나뭇잎

fallen leaves,
dead leaves

落

艹
12획
5급

떨어질 낙(락)

葉

艹
12획
5급

잎 엽

추落: 암벽 등반을 할 때
추落 사고에 주의해야 한다.

지葉: 지葉적인 지식을 묻는 문제는
출제하지 않을 것이다.

길흉 좋은 일과 언짢은 일

ups and downs

口
6획
5급

길할 길

凵
4획
5급II

흉할 흉

吉몽: 나는 꿈속에서 돼지를 본 것을
吉몽이라 여겨 복권을 샀다.

凶년: 凶년으로 인해
쌀값이 많이 올랐다.

미래 아직 오지 않은 때

future

木
5획
4급II

아닐 미

人
8획
7급

올 래(내)

未달: 신청자가 정원에 未달되어
추가 신청자를 받고 있습니다.

來일: 오늘처럼 來일도
같이 운동하자.

측량 | 물건의 높이, 크기, 위치, 각도, 방향 등을 재어 표시함

 measurement

氵
12획
4급Ⅱ
헤아릴 측

里
12획
5급
헤아릴 량(양)

관測: 우리는 별을 관測하기 위해 옥상으로 올라갔다.

역量: 우리 반을 이끌어 갈 역量이 있는 반장을 뽑아야 한다.

존경 | 남의 인격 등을 높이어 공손히 섬김

 respect 敬

寸
12획
4급Ⅱ
높을 존

攵
12획
5급Ⅱ
공경 경

자尊심: 나는 이번에 일등을 놓쳐서 자尊심이 상했다.

敬청: 대화할 때 남의 말을 敬청하는 것이 중요하다.

주장 자기 의견을 내세움

主 insist, argue 張

`、`
5획
7급

임금 주/주인 주

弓
11획
4급

베풀 장

민主: 우리나라는 주권이 국민에게 있는 민主주의 국가이다.

과張: 너는 과張하지 말고 본 것을 그대로 말해라.

의견 마음 속에 느낀 생각

意 opinion 見

心
13획
6급 II

뜻 의

見
7획
5급 II

볼 견

意미: 내가 하는 말에 특별한 意미를 부여하지 마세요.

발見: 질병은 조기 발見이 가장 중요하다.

歲	해 세 부수 止 획 13획	順	순할 순 부수 頁 획 12획
洗	씻을 세, 깨끗할 선 부수 氵 획 9획	識	알 식 부수 言 획 19획
束	묶을 속/ 약속할 속 부수 木 획 7획	臣	신하 신 부수 臣 획 6획
首	머리 수 부수 首 획 9획	實	열매 실 부수 宀 획 14획
宿	잘 숙, 별자리 수 부수 宀 획 11획	兒	아이 아 부수 儿 획 8획

가격 값

價 　price　 格

亻
15획
5급Ⅱ

값 가

木
10획
5급Ⅱ

격식 격

고價: 새로 나온 자동차가 고價임에 도 많은 사람들이 찾고 있다.

자格: 나는 자格 미달로 이번 승진에 서 제외되었다.

직선 곧은 선

直 　straight line　 線

目
8획
7급Ⅱ

곧을 직

糸
15획
6급Ⅱ

줄 선

솔直: 지금부터 묻는 말에 솔直하게 대답해 주세요.

시線: 내가 넘어지자 주변 사람들의 시線이 일제히 나에게 쏠렸다.

주어진 문장에 알맞은 한자를 〈보기〉에서 찾아 빈칸을 완성하세요.

〈보기〉 形　風　便　窓　進　週　裝　業　額　像
　　　　別　武　每　路　銅　同　企　景　巨　個

1. 우리 가족은 ☐☐ 일요일 오전에 점심을 먹는다.
　　　　　매　주

2. 오랜만에 고등학교 ☐☐ 으로부터 연락이 왔다.
　　　　　　　동　창

3. 오늘부터 ☐☐ 에 대해 고민하는 학생들을 상담할 예정이다.
　　　　진　로

4. 비행기에서 내려다본 제주도의 ☐☐ 은 너무 아름다웠다.
　　　　　　　　풍　경

5. 한 ☐☐ 의 경영자가 매년 익명으로 ☐☐ 을 기
　　　기　업　　　　　　　거　액
부해 온 사실이 밝혀졌다.

흑백 검은 빛과 흰 빛

black and
white

黑
12획
5급

검을 흑

白
5획
8급

흰 백

암黑: 정전이 되자 골목 안은 암黑으로 변했다.

白지: 아이들이 마음껏 낙서할 수 있도록 큰 白지를 가져왔다.

복습 배운 것을 다시 공부함

復

review

習

彳
12획
4급Ⅱ

회복할 복

羽
11획
6급

익힐 습

극復: 우리 모두 합심해서 위기를 극復하자.

학習: 우리 학원에서는 개인차를 고려하여 학習을 지도합니다.

거액 많은 액수의 금액

fortune, a lot of money

巨
5획
4급

클 거/어찌 거

頁
18획
4급

이마 액

巨物: 스포츠계 巨물들은 늘 기자들의 취재 대상이 된다.

잔額: 통장의 잔額을 확인해 보니 얼마 남지 않았다.

풍경 산과 물 등 자연의 아름다운 모습

landscape, scenery

風
9획
6급Ⅱ

바람 풍

日
12획
5급

볕 경, 그림자 영

폭風: 길가의 나무들이 폭風에 힘없이 쓰러졌다.

배景: 이 영화의 첫 장면은 바다를 배景으로 시작한다.

교실 학교에서 공부하는 방

 classroom

攵
11획
8급
가르칠 교

宀
9획
8급
집 실

敎과서: 나는 敎과서를 집에 두고
온 것을 수업 시작 직전에 알았다.

거室: 우리 집 거室에는
큰 소파가 놓여 있다.

결정 결단하여 정함

 decision

氵
7획
5급Ⅱ
결단할 결

宀
8획
6급
정할 정

決과: 이번에 1등할 수 있었던 것은
노력의 決과이다.

미定: 민호와 어디서 만날지는
아직 미定이다.

형편 일이 되어가는 경로

形
circumstance,
condition
便

彡
7획
6급II

모양 형

亻
9획
7급

편할 편, 똥오줌 변

인形: 옆집 꼬마가 갖고 다니던
인形이 계단에 떨어져 있다.

우便: 입학 지원서는 우便이나
팩스로 보내주세요.

동상 사람의 모양을 구리쇠로 새겨서 세운 것

銅
statue
像

金
14획
4급II

구리 동

亻
14획
3급II

모양 상

銅전: 저금통에 모아둔 銅전을
지폐로 바꾸었다.

상像: 그에게서 연락이 올
것이라고는 상像도 못 했다.

주어진 문장에 알맞은 한자를 〈보기〉에서 찾아 빈칸을 완성하세요.

〈보기〉 價 格 見 決 敎 吉 來 未 白 復
線 習 室 意 張 定 主 直 凶 黑

1. ☐☐ 의 내 모습이 궁금하다.
   미 래

2. 스스로 ☐☐ 을 내렸으면 그에 대한 책임을 질 수 있어야
   한다. 결 정

3. 우리 반은 금요일 오후마다 다같이 ☐☐ 을 청소한다.
   교 실

4. 이 제품의 ☐☐ 은 얼마인가요?
   가 격

5. 그녀는 나의 ☐☐ 과 일치하는 ☐☐ 을 했다.
   의 견   주 장

개별 하나 하나 따로 나눔

個 individual, each 別

亻
10획
4급Ⅱ

낱 개

刂
7획
6급

나눌 별/다를 별

個인: 단체 활동에서 個인 행동은 남에게 피해를 줄 수 있다.

別장: 여름 휴가 때 시골에 있는 別장에 가기로 했다.

진로 앞으로 나아갈 길

進 career; course, path 路

辶
12획
4급Ⅱ

나아갈 진

𧾷
13획
6급

길 로(노)

지지부進: 협상이 지지부進해지자 대표의 마음이 초조해졌다.

탄탄대路: 우리들의 앞날은 탄탄대路일 것이다.

各	각각 각 부수 口 획 6획	公	공평할 공 부수 八 획 4획
角	뿔 각 부수 角 획 7획	共	한가지 공 부수 八 획 6획
界	지경 계 부수 田 획 9획	功	공 공 부수 力 획 5획
計	셀 계 부수 言 획 9획	果	실과 과 부수 木 획 8획
高	높을 고 부수 高 획 10획	科	과목 과 부수 禾 획 9획

매주 주마다

 every week, weekly

母
7획
7급Ⅱ

매양 매

辶
12획
4급Ⅱ

돌 주

每사: 나는 每사에
신중하려고 하는 편이다.

週말: 너는 지난 週말에
무엇을 했니?

기업 어떤 사업의 주체

 enterprise, company

人
6획
3급Ⅱ

꾀할 기

木
13획
6급Ⅱ

업 업

企도: 나는 시험 합격을 위해
절실하게 企도했다.

창業: 한국에서 외식 창業이
인기가 많다.

산물 생산되는 물건

product

生
11획
5급 II

낳을 산

牛
8획
7급 II

물건 물

재産: 할아버지께서 전 재産을 학교에 기부하셨다.

동物: 나는 멸종 위기에 처한 야생 동物을 보호하는 일을 하고 싶다.

교통 사람이 오가는 것

traffic

亠
6획
6급

사귈 교

辶
11획
6급

통할 통

交우: 交우 관계를 살펴보면 그 사람에 대해 알 수 있다.

공通: 그와 공通 관심사가 많아서 금방 친해질 수 있었다.

무장 전쟁준비로 하는 모든 장비

武 arm 裝

止
8획
4급Ⅱ
호반 무

衣
13획
4급
꾸밀 장

武술: 경호원인 우리 삼촌은 태권도와 각종 武술에 능하다.

포裝: 생일날 아침 식탁 위에 포裝된 상자 하나가 올려져 있었다.

동창 같은 학교를 졸업한 사람

同 alumni 窓

口
6획
7급
한가지 동

穴
11획
6급Ⅱ
창 창

同병상련: 어려운 처지에 서로 同병상련의 아픔을 느낀다.

학窓 시절: 나는 가끔 친구들과 학窓 시절에 대한 이야기를 한다.

형법 범죄와 그에 대한 형벌을 정한 법률

刑
criminal
law

法

刂
6획
4급

형벌 형

氵
8획
5급Ⅱ

법 법

刑事: 갑자기 여러 명의 刑事들이 옆집에 들이닥쳤다.

不法: 남의 집 앞에 주차하는 것은 不法이다.

벌금 벌로 내는 돈

罰
fine,
penalty

金

罒
14획
4급Ⅱ

벌할 벌

金
8획
8급

쇠 금, 성씨 김

罰則: 세 번 지각하면 罰則으로 화장실 청소를 하는 게 어때?

黃金: 박물관에서 황金으로 만들어진 신라의 왕관들은 구경했다.

仕	섬길 사/벼슬 사 **부수** 亻 **획** 5획	相	서로 상 **부수** 目 **획** 9획
史	사기 사 **부수** 口 **획** 5획	仙	신선 선 **부수** 亻 **획** 5획
士	선비 사 **부수** 士 **획** 3획	鮮	고울 선/생선 선 **부수** 魚 **획** 17획
産	낳을 산 **부수** 生 **획** 11획	說	말씀 설 **부수** 言 **획** 14획
商	장사 상 **부수** 口 **획** 11획	性	성품 성 **부수** 忄 **획** 8획

사실 실지로 있는 일

fact, truth

丿
8획
7급II
일 사

宀
14획
5급II
열매 실

事고: 교통事고로 인해
도로가 꽉 막혔다.

현實: 내 꿈을 현實로 실현시키기
위해 노력하고 있다.

조사 실정을 살펴 알아봄

research,
survey

言
15획
5급II
고를 조

木
9획
5급
조사할 사

調절: 체중 감량을 하려면 먼저
식사량 調절이 필요하다.

검査: 선생님께서 우리 조부터
숙제 검査를 시작하셨다.

주어진 문장에 알맞은 한자를 〈보기〉에서 찾아 빈칸을 완성하세요.

〈보기〉 干 久 能 度 登 錄 萬 沙 濕 若
　　　 兩 永 位 者 置 親 打 黃 痛 苦

---

1. 나는 인터넷으로 주민 ☐☐ 등본을 발급받았다.
　　　　　　　　　　　　　 등　록

2. 4번 ☐☐ 가 야구장 밖으로 공이 넘어가는 홈런을 쳤다.
　　　 타　자

3. ☐☐ 고개를 숙여 보세요.
　　 약　간

4. ☐☐ 가 높은 장마철에는 빨래도 잘 마르지 않는다.
　　 습　도

5. 나는 폐가 약해서 봄마다 ☐☐ 로 인해 고통받는다.
　　　　　　　　　　　　　 황　사

용기 씩씩하고 굳센 기운

courage

力
9획
6급II

날랠 용

气
10획
7급II

기운 기

勇감: 경찰은 소매치기를 잡아낸 勇감한 시민이 누구인지 찾고 있다.

일氣: 일氣 예보에서 내일 눈이 온다고 했다.

추방 쫓아냄

expel,
displace

放

辶
10획
3급II

쫓을 추/따를 추

攵
8획
6급II

놓을 방

追억: 나는 가끔 학창 시절 사진을 보면서 追억에 잠긴다.

개放: 시립 도서관은 모든 사람에게 개放되어 있다.

위치 일정한 곳에 차지한 자리 또는 사회적으로 담당하고 있는 자리

location; position, place

イ
7획
5급

자리 위, 임할 리(이)

罒
13획
4급 II

둘 치

순位: 프로 야구에서 순位 다툼은 치열하다.

설置: 설置가 간편한 조립식 책장을 구매했다.

고통 몸이나 마음의 아픔

pain

痛

艹
8획
6급

쓸 고

疒
12획
4급

아플 통

苦생: 며칠 일이 바빠서 苦생을 하더니 살이 쑥 빠졌다.

痛증: 아침부터 시작된 발목의 痛증이 점점 심해진다.

필승 꼭 이김

certain victory

必

心
5획
5급 II

반드시 **필**

勝

力
12획
6급

이길 **승**

必수: 이 책은 중학생이 꼭 읽어야 할 必수 도서 목록에 있다.

우勝: 우리 팀은 강력한 우勝 후보와 맞붙게 되었다.

요구 필요로 하여 구함

demand, requirement

要

襾
9획
5급 II

요긴할 **요**/허리 **요**

求

水
7획
4급 II

구할 **구**

필要: 여행 경비로 얼마 정도 필要할지 논의해 보자.

추求: 직업 선택은 자신이 추求하는 가치관에 따라 달라진다.

습도　공기 중에 수증기가 들어 있는 정도

濕　humidity　度

氵
17획
3급Ⅱ
젖을 습

广
9획
6급
법도 도

제濕: 우리 집 에어컨에는 제濕 기능이 있다.

한度: 예산 한度 내에서 이사 갈 집을 알아 보고 있다.

황사　누런 모래

 黃　yellow dust　 沙

黃
12획
6급
누를 황

氵
7획
3급Ⅱ
모래 사

黃혼: 창문으로 바라보이는 하늘은 어느덧 黃혼에 물들어 가고 있다.

沙막: 沙막에서 낙타는 중요한 교통수단이다.

주어진 문장에 알맞은 한자를 〈보기〉에서 찾아 빈칸을 완성하세요.

〈보기〉 交 求 金 氣 物 放 罰 法 事 查
産 勝 實 要 勇 調 追 通 必 刑

1. 내가 좋아하는 사람에게 고백할 ☐☐ 가 없다.
   용 기

2. 환경 운동가들은 강의 오염 실태에 대해 ☐☐ 하기
   시작했다.
   조 사

3. 곧 ☐☐ 이 무엇인지 밝혀질 것이다.
   사 실

4. 너는 내게 무리한 ☐☐ 를 하고 있어.
   요 구

5. ☐☐ 법규를 위반하면 ☐☐ 을 내게 된다.
   교 통   벌 금

영구 길고 오램

永

permanent,
eternal

久

水
5획
6급

길 영/읊을 영

丿
3획
3급II

오랠 구

永원: 결혼식에서 우리는 永원히
함께하기로 맹세했다.

지久력: 지久력이 강한 선우는
장거리 달리기를 잘한다.

약간 얼마 안됨

若

some, a few,
a little

干

艹
8획
3급II

같을 약, 반야 야

干
3획
4급

방패 간

만若: 만若의 경우를 대비해서
보험을 들었다.

干섭: 남의 일에 干섭하지 마라.

光	빛 광 부수 儿 획 6획	堂	집 당 부수 土 획 11획
球	공 구 부수 玉 획 11획	代	대신할 대 부수 亻 획 5획
今	이제 금 부수 人 획 4획	對	대할 대 부수 寸 획 14획
急	급할 급 부수 心 획 9획	圖	그림 도 부수 囗 획 14획
短	짧을 단 부수 矢 획 12획	讀	읽을 독 부수 言 획 22획

타자 야구에서 공을 치는 사람

打   hitter, batter   者

扌
5획
5급

칠 타, 칠 정

⺹
9획
6급

놈 자

打악기: 북, 장구, 탬버린 등은
打악기이다.

환者: 응급실 의사는 환者를
돌보느라 정신 없었다.

만능 모든 사물에 능통함

萬   all-round   能

艹
12획
8급

일 만 만

月
10획
5급Ⅱ

능할 능, 견딜 내

천신萬고: 우리는 천신萬고 끝에
한라산 정상에 도달했다.

재能: 타고난 재能을 가지고
노력하는 사람을 이길 수 없었다.

착공 | 공사를 착수함

begin construction

工

目
12획
5급Ⅱ

붙을 착

工
3획
7급Ⅱ

장인 공

애着: 내가 가진 물건들 중 유독 애着이 가는 것이 있다.

工사: 아파트 工사 중이라 통행이 불편하다.

체육 | 건강한 몸을 만들 목적으로 하는 교육

physical education

育

骨
23획
6급Ⅱ

몸 체

月
8획
7급

기를 육

신體: 나는 신體가 허약한 편이다.

교育: 각 가정에서 자녀 교育에 더 관심을 가져주시길 바랍니다.

등록 장부에 올림

registration, enrollment

癶
12획
7급

오를 등

金
16획
4급II

기록할 록(녹)

登재: 수원 화성은 1997년 유네스코 세계 문화유산으로 登재되었다.

기錄: 우사인 볼트는 남자 100m 육상 경기에서 세계 記錄을 세웠다.

양친 아버지와 어머니

parents

入
8획
4급II

두 량(양)

見
16획
6급

친할 친

兩극화: 세계는 부자와 빈곤한 사람들로 兩극화될 수 있다.

親척: 먼 親척보다 가까운 이웃이 좋다.

접근 가까이 옴

接 approach 近

扌
11획
4급Ⅱ

이을 **접**

辶
8획
6급

가까울 **근**

直接: 사람은 直接 겪어 보지 않으면 잘 모를 수 밖에 없다.

近황: 졸업한 이후 친구들과 연락을 안해서 近황을 모른다.

성별 남성과 여성의 구별

性 gender 別

忄
8획
5급Ⅱ

성품 **성**

刂
7획
6급

나눌 **별**

人性: 학교에서는 입시보다 人性 교육을 지향해야 한다고 생각한다.

離別: 오늘 남자 친구와 離別을 했다.

勞	일할 로(노)	法	법 법
	부수 力 획 12획		부수 氵 획 8획
流	흐를 류(유)	變	변할 변
	부수 氵 획 10획		부수 言 획 23획
類	무리 류(유)	兵	병사 병
	부수 頁 획 19획		부수 八 획 7획
陸	뭍 륙(육)	福	복 복
	부수 阝 획 11획		부수 示 획 14획
望	바랄 망/보름 망	奉	받들 봉
	부수 月 획 11획		부수 大 획 8획

인내 참고 견딤

心
7획
3급II

참을 인

patience,
endurance

而
9획
3급II

견딜 내

잔忍: 그의 범죄 행위는
너무나 잔忍했다.

耐성: 진통제에 耐성이 생겨서
약효가 떨어지고 있다.

감동 깊이 느끼며 마음이 움직임

心
13획
6급

느낄 감

touched,
moved

力
11획
7급II

움직일 동

다정다感: 그녀는 다정다感하게 늘
나를 챙겨 준다.

動작: 그의 춤 動작 하나하나가
아주 부드러웠다.

244 / 365
연습문제 35

주어진 문장에 알맞은 한자를 〈보기〉에서 찾아 빈칸을 완성하세요.

〈보기〉 價 講 告 庫 空 器 堂 樂 亡
物 密 保 富 貧 暗 倉 港 護 興

1. 유학을 떠나는 동생을 배웅하기 위해 ☐☐ 에 갔다.
공   항

2. 명절 전후로 ☐☐ 가 오른다.
물   가

3. 환경 ☐☐ 는 전세계적인 문제이다.
보   호

4. 비가 오는 바람에 입학식이 ☐☐ 에서 진행되었다.
강   당

5. 나는 피아노, 기타 등 여러 ☐☐ 를 연주할 수 있다.
악   기

미신 비합리적으로 여겨지는 믿음

 superstition

辶
10획
3급
미혹할 미

亻
9획
6급Ⅱ
믿을 신

迷로: 사건의 실마리를 찾지 못한 채 迷로 속을 헤매고 있다.

배信: 오랫동안 믿었던 친구에게 배信을 당했다.

상대 서로 마주봄

相 counterpart, partner, opponent 對

目
9획
5급Ⅱ
서로 상

寸
14획
6급Ⅱ
대할 대

相관: 나는 나와 相관없는 일에는 신경을 쓰지 않는 편이다.

對응: 경기 중 상대 선수의 도발에 對응하지 않는 것이 좋다.

공항 비행장

空 airport 港

穴
8획
7급Ⅱ

빌 공

氵
12획
4급Ⅱ

항구 항

空허: 친구와 절교한 후 마음이 空허한 나날이 계속되었다.

港구: 저 멀리 보이는 港구에 많은 배가 정박 중이다.

악기 음악을 연주하는 기구

 musical instrument 器

木
15획
6급Ⅱ

노래 악, 즐길 락(낙)

口
16획
4급Ⅱ

그릇 기

국樂: 국樂 콘서트에서 우리나라 고유의 장단을 느낄 수 있었다.

변器: 휴지를 변器에 버려도 됩니다.

집합 한 곳으로 모임

gathering

隹
12획
6급Ⅱ

모을 집

口
6획
6급

합할 합

集中: 도서관 분위기가 산만해서
集中하기가 힘들다.

團合: 온 국민이 단합할 때이다.

답안 문제의 해답

answer

案

竹
12획
7급Ⅱ

대답 답

木
10획
5급

책상 안

報答: 제게 베풀어 주신 친절에 대한
작은 보答으로 선물을 준비했습니다.

案件: 교실 청소를 案건으로
학급 회의가 열렸다.

밀고 몰래 알려줌

密 rat on, inform against 告

宀
11획
4급Ⅱ
빽빽할 밀

口
7획
5급Ⅱ
고할 고

비密: 내 비密을 아무한테도 이야기하지 마라.

예告: 예告도 없이 친구가 찾아와서 깜짝 놀랐다.

강당 강의나 의식 따위를 하는 큰 방

講 hall, auditorium 堂

言
17획
4급Ⅱ
외울 강, 얽을 구

土
11획
6급Ⅱ
집 당

講의: 선생님은 講의가 끝난 후에 학생들의 질문을 받았다.

명堂: 우리 마을은 예로부터 명堂으로 손꼽히는 곳이다.

주어진 문장에 알맞은 한자를 〈보기〉에서 찾아 빈칸을 완성하세요.

〈보기〉 感 工 近 耐 答 對 動 迷 別 相
性 信 案 育 忍 接 集 着 體 合

1. 전교생들이 운동장에 ☐☐ 하여 줄을 서고 있다.
     집 합

2. 이번 ☐☐ 대회에서 우리 반이 일 등을 했다.
   체   육

3. 이 영화는 볼수록 새로운 ☐☐ 을 준다.
         감   동

4. 야생 동물 사진을 찍으려면 많은 노력과 ☐☐ 가 필요하다.
                      인   내

5. 시에서 내년 ☐☐ 을 목표로 도서관 건설 계획을 추진하고
   있다.
     착   공

보호 돌보아 지킴

保 protection 護

亻
9획
4급II

지킬 보

言
20획
4급II

도울 호

保증: 새로 산 가방 안에 품질 保증서가 들어 있다.

간護사: 간護사는 온도계로 환자의 체온을 측정하였다.

창고 물건을 쌓아두는 곳

 warehouse, storage 庫

人
10획
3급II

곳집 창

广
10획
4급

곳집 고, 곳 곳

곡倉: 넓은 평야가 많은 호남 지방은 곡倉지대로 알려져 있다.

금庫: 귀중품은 가정용 금庫 안에 보관하고 있다.

童	아이 동 부수 立 획 12획	明	밝을 명 부수 日 획 8획
等	무리 등 부수 ⺮ 획 12획	聞	들을 문 부수 耳 획 14획
樂	노래 악, 즐길 락(낙) 부수 木 획 15획	半	반 반 부수 十 획 5획
利	이로울 리(이) 부수 刂 획 7획	反	돌이킬 반/ 돌아올 반 부수 又 획 4획
理	다스릴 리(이) 부수 王 획 11획	班	나눌 반 부수 王 획 10획

명암 밝음과 어두움

明
light and
darkness
暗

日
8획
6급 II

밝을 명

어두울 암

日
13획
4급 II

변明: 친구는 자신의 잘못에 대해 변明만 늘어놓았다.

暗담: 심한 부상을 입은 축구 선수는 暗담한 심정이었다.

물가 물건값

物
price
價

牛
8획
7급 II

물건 물

값 가

亻
15획
5급 II

物物 교환: 이웃끼리 서로 쓰지 않는 것을 物物 교환을 하기로 했다.

평價: 명작은 돈으로 평價할 수 없다.

질문 모르는 일을 물음

 question

貝
15획
5급 II

바탕 질

口
11획
7급

물을 문

성質: 내 동생은 성質이 급하다.

問병: 나는 어제 입원한
친구의 問병을 다녀왔다.

참가 참여하거나 가입함

 participation 加

厶
11획
5급 II

참여할 참

力
5획
5급

더할 가

參견: 남의 일에 參견 말고
네 일이나 잘 해라.

추加: 스마트워치 구입 시 5만원 추
加하면 파손 보험에 가입할 수 있다.

흥망 일어남과 망함

rise and fall,
ups and downs

臼
16획
4급 II

일 흥

亠
3획
5급

망할 망

興분: 분노로 인한 興분을
가라앉힐 시간이 필요하다.

도亡: 지각한 학생들이 선생님을
보자 모두 도亡쳤다.

빈부 가난함과 넉넉함

the rich and
the poor

貝
11획
4급 II

가난할 빈

宀
12획
4급 II

부유할 부

貧곤: 아버지는 어린 시절 貧곤을
이겨내고 기업가로 성공했다.

富자: 익명의 富자가
거액의 기부금을 냈다.

음식 먹을 수 있는 것

 food

飠
13획
6급Ⅱ
마실 음

食
9획
7급Ⅱ
밥 식/먹을 식

飮料: 다이어트 할 때는 칼로리 높은 음식이나 탄산 飮료를 삼가야 한다.

과食: 맛있는 음식이라고 과食을 했더니 결국 배탈이 났다.

시국 시대가 되어가는 형편

時 current situation 局

日
10획
7급Ⅱ
때 시

尸
7획
5급Ⅱ
판 국

時代: 빗살무늬 토기는 신석기 時대를 대표하는 유물이다.

결局: 어제 야식을 먹고 늦게 잤더니 결局 지각을 했다.

團	둥글 단/경단 단 부수 囗 획 14획	朗	밝을 랑(낭) 부수 月 획 10획
當	마땅 당 부수 田 획 13획	良	어질 량(양) 부수 艮 획 7획
德	클 덕/덕 덕 부수 彳 획 15획	旅	나그네 려(여) 부수 方 획 10획
到	이를 도 부수 刂 획 8획	歷	지날 력(역) 부수 止 획 16획
獨	홀로 독 부수 犭 획 16획	練	익힐 련(연) 부수 糸 획 15획

한약 한약국에서 파는 약

漢　*herbal medicine*　藥

氵
14획
7급Ⅱ
한나라 한

艹
18획
6급Ⅱ
약 약

漢강: 漢강은 서울을 가로질러 흐른다.

藥국: 나는 심한 두통 때문에 藥국에 가서 진통제를 좀 샀다.

야구 운동 종목 중의 하나

野　*baseball*　球

里
11획
6급
들 야

王
11획
6급Ⅱ
공 구

野생: 野생 식물을 함부로 채취하면 안 된다.

지球: 달은 지球 주위를 돈다.

주어진 문장에 알맞은 한자를 〈보기〉에서 찾아 빈칸을 완성하세요.

〈보기〉 間 儉 寬 觀 光 略 沒 省 誠 素
收 拾 始 容 原 員 接 定 忠 沈

1. 엘리베이터 탑승 인원이 ☐☐ 을 초과했다.
   정   원

2. 그 사람은 부자가 되었지만 ☐☐ 하게 산다.
   검   소

3. 사람의 발길이 닿지 않은 숲은 ☐☐ 의 자연환경을 간직
   하고 있다.
   원   시

4. 시간이 부족하므로 형식적인 부분은 ☐☐ 하기로 했다.
   생   략

5. 제주도는 ☐☐ 명소로 일 년 내내 사람들의 발길이 끊이지
   않는다.
   관   광

도리 　사람이 지켜야 할 옳은 길

道
辶
13획
7급 II
길 도

justice, principle, reason

理
王
11획
6급 II
다스릴 리(이)

道덕: 행동을 보니 道덕에 대한
인식이 부족한 사람이다.

理유: 나는 건강상의 理유로 잠시
일을 그만두어야 했다.

근본 　초목의 뿌리, 기초

根
木
10획
6급
뿌리 근

root, basis

本
木
5획
6급
근본 본

사실무根: 소문은 곧
사실무根으로 밝혀졌다.

本성: 사람의 本성은
숨길 수가 없다.

생략 간략하게 줄임

省
目
9획
6급II
살필 성, 덜 생

leave out, omit

略
田
11획
4급
간략할 략(약)/
다스릴 략(약)

省묘: 명절에는 항상 할아버지의 산소를 찾아가서 省묘를 한다.

침略: 조선 시대에는 왜구의 잦은 침略으로 백성이 고통받았다.

관광 경치같은 것을 구경하다

觀
見
24획
5급II
볼 관

sightseeing, tour

光
儿
6획
6급II
빛 광

직觀: 형사는 직觀적으로 그가 범인임을 알았다.

형光: 방 안의 형光등이 흐려서 새로 갈아끼웠다.

형식 겉모습

形 form 式

彡
7획
6급II

모양 형

弋
6획
6급

법 식

形態: 하회 마을에서는 여러 가옥 形態를 볼 수 있다.

式순: 다음 달에 있을 한글날 행사의 式순을 짜야 한다.

특권 일부 사람만이 특히 가지는 권리

特 privilege 權

牛
10획
6급

특별할 특

木
21획
4급II

저울추 권/권세 권

特別: 오늘 特別한 기사라도 있어?

인權: 인종, 성별, 외모 등에 의해 차별 받는 것은 인權 침해이다.

관용 남의 잘못을 너그럽게 용서함

tolerance

宀
14획
3급Ⅱ

너그러울 관

宀
10획
4급Ⅱ

얼굴 용

寬대: 선생님은 우리의 실수에
매우 寬대했다.

容서: 나의 잘못을 깨닫고 어머니께
容서를 빌었다.

간접 직접적이 아닌 관계

間

indirect

接

門
12획
7급Ⅱ

사이 간

扌
11획
4급Ⅱ

이을 접, 빠를 첩

순식間: 전염병이 전국으로 퍼지는
것은 순식間이었다.

接수: 입학 원서 接수는
이번 주까지 입니다.

주어진 문장에 알맞은 한자를 〈보기〉에서 찾아 빈칸을 완성하세요.

〈보기〉 球 局 權 根 道 理 問 本 時 加
　　　 式 食 野 藥 飲 質 參 特 漢 形

1. 나는 어머니가 만드신 ☐☐ 을 남기지 않고 다 먹었다.
　　　　　　　　　　　음　식

2. ☐☐ 이 있는 사람은 수업이 끝난 후에 하세요.
　질　문

3. 리조트 회원이 되면 스포츠 시설을 무료로 이용할 수 있는

　☐☐ 이 주어진다.
　특　권

4. 친구의 어려움을 외면하는 것은 ☐☐ 가 아니다.
　　　　　　　　　　　　　　도　리

5. 다친 다리가 회복되어서 이제 ☐☐ 훈련에 ☐☐ 할 수 있다.
　　　　　　　　　　　　　　　야　구　　　　　참　가

검소 사치 않고 수수함

thrift, economy

イ
15획
4급

검소할 검

糸
10획
4급Ⅱ

본디 소/힐 소

근儉절약: 형은 평소 근儉절약이
몸에 배어 있다.

素박: 나는 그녀의 무던하고
素박한 모습이 좋다.

원시 자연 그대로인 것

primitive

厂
10획
5급

언덕 원/근원 원

女
8획
6급Ⅱ

비로소 시

原칙: 육하原칙에 따라서
글을 명료하게 써라.

개始: 장사 개始 후 첫 손님이라고
할인을 받았다.

發	필발 부수 癶 획 12획	線	줄 선 부수 糸 획 15획
放	놓을 방 부수 攵 획 8획	雪	눈 설 부수 雨 획 11획
部	떼 부/거느릴 부 부수 阝 획 11획	成	이룰 성 부수 戈 획 6획
分	나눌 분 부수 刀 획 4획	省	살필 성 부수 目 획 9획
書	글 서 부수 曰 획 10획	消	사라질 소 부수 氵 획 10획

정원 일정한 인원

quota, capacity

宀
8획
6급

정할 **정**

口
10획
4급Ⅱ

인원 **원**

예定: 예정대로라면 우리는 올해 봄에 결혼을 했어야 했다.

직員: 우리 부서에는 직員이 세 명이다.

수습 흩어진 물건을 모음

gather, collect; handle, settle

攵
6획
4급Ⅱ

거둘 **수**

扌
9획
3급Ⅱ

주울 **습**

收축: 목재로 만들어진 물건은 습기에 의해 收축되거나 뒤틀릴 수 있다.

拾득: 어린이의 언어 拾득 속도에는 개인차가 있다.

독서 책을 읽음

讀 reading 書

言
22획
6급 II

읽을 독

曰
10획
6급 II

글 서

讀자: 영화가 책으로 출판된 후에 많은 讀자들로부터 사랑을 받았다.

엽書: 여행지에서 파는 엽書를 사서 모으는 취미가 있다.

개선 나쁜 점을 좋게 고침

 improvement

攵
7획
5급

고칠 개

口
12획
5급

착할 선

회改: 그는 신부님 앞에서 죄를 고백하고, 회改의 눈물을 흘렸다.

善량: 그는 법 없이 살 수 있을 만큼 착실하고 善량한 사람이다.

침몰 물 속에 가라 앉음

沈

sink

沒

氵
7획
3급Ⅱ

잠길 침

빠질 몰

氵
7획
3급Ⅱ

의기소沈: 내 짝꿍은 성적이
떨어져서 의기소沈했다.

沒두: 나는 저녁을 먹는 것도
잊어버리고 공부에 沒두했다.

충성 마음에서 우러나는 정성

忠

loyalty

誠

心
8획
4급Ⅱ

충성 충

정성 성

言
13획
4급Ⅱ

현忠일: 현忠일을 맞아
국립묘지에서 추모식을 한다.

정誠: 나는 친구의 생일 선물
포장에도 정誠을 쏟았다.

기간 일정한 시기의 사이

期 period 間

月
12획
5급

기약할 기

門
12획
7급II

사이 간

시期: 청소년기는 매우 빠르게 성장하는 시期이다.

순間: 나는 그 질문을 듣는 순間 당황하여 어쩔 줄 몰랐다.

신고 어떤 사실을 보고함

 申 report 告

田
5획
4급II

거듭 신

口
7획
5급II

고할 고

申申당부: 나는 내 친구에게 소문내지 말 것을 申申당부했다.

告소: 내 차를 부수고 간 사람을 찾아서 告소했다.

觀	볼 관 부수 見 획 24획	局	판 국 부수 尸 획 7획
關	관계할 관 부수 門 획 19획	基	터 기 부수 土 획 11획
廣	넓을 광 부수 广 획 15획	己	몸 기 부수 己 획 3획
具	갖출 구 부수 八 획 8획	念	생각 념(염) 부수 心 획 8획
舊	예 구/옛 구 부수 臼 획 17획	能	능할 능 부수 月 획 10획

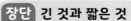

장단 긴 것과 짧은 것

long and short; pros and cons

長
8획
8급

길 장/어른 장

矢
12획
6급II

짧을 단

사長: 사長은 공장 내부를 꼼꼼히 살펴보았다.

短기간: 短기간에 살을 빼는 방법을 알려 드리겠습니다.

회수 거두어 들임

retrieval, recovery

口
6획
4급II

돌아올 회

攵
6획
4급II

거둘 수

回복: 내가 돌보는 환자의 건강이 조금씩 回복되고 있다.

收용: 팀장은 팀원들의 의견을 收용하기로 했다.

/ 365

연습문제 33

주어진 문장에 알맞은 한자를 〈보기〉에서 찾아 빈칸을 완성하세요.

〈보기〉 加　建　欺　望　免　物　配　非　詐　誠
　　　 稅　是　實　危　材　展　增　支　取　險

1. 내가 시작한 사업의 ☐☐ 이 밝다는 기사를 보았다.
　　　　　　　　　　　　전　망

2. 날씨가 더워지면서 전력 사용량이 ☐☐ 하고 있다.
　　　　　　　　　　　　　　　　증　가

3. 우리는 공항에 도착하자마자 ☐☐ 점으로 갔다.
　　　　　　　　　　　　　　면　세

4. 스키 강습료를 내고 나니 그 강습이 ☐☐ 임이 밝혀졌다.
　　　　　　　　　　　　　　　　사　기

5. 용감한 기자들이 ☐☐ 한 지역으로 ☐☐ 를 간다.
　　　　　　　　　위　험　　　　　　　　취　재

무죄 죄가 없음

innocence

罪

爫
12획
5급

없을 무

罒
13획
5급

허물 죄

연중無휴: 내가 운영하는 카페는
연중無휴이다.

유罪: 배심원의 평결에 따라
그에게 유罪가 선고되었다.

정지 중도에서 그침

stop

止

亻
11획
5급

머무를 정

止
4획
5급

그칠 지

停류장: 나는 버스를 타기 위해
停류장으로 가고 있다.

止혈: 일단 환자의 상처 부위에
붕대로 止혈했다.

시비 옳고 그름

是
日
9획
4급Ⅱ
이 시/옳을 시

right and wrong

非
非
8획
4급Ⅱ
아닐 비/비방할 비

是是비비: 나는 동생들이 싸우는 것을 보고 是是비비를 가려 주었다.

非범: 고전 소설에 나오는 영웅들은 非범한 능력을 갖고 있다.

사기 거짓으로 남을 속임

詐
言
12획
3급
속일 사

fraud

欺
欠
12획
3급
속일 기

詐칭: 중고 판매 사이트에 남을 詐칭하여 사기를 치는 사건이 속출한다.

欺만: 가장 믿었던 친구가 나를 欺만하고 배신했다.

약속 장래의 일에 대하여 서로 결정하여 줌

 promise

糸
9획
5급Ⅱ
맺을 약

木
7획
5급Ⅱ
묶을 속/약속할 속

예約: 여행사를 통해 비행기표를 예約했다.

구束: 나는 고등학생 때 부모님의 구束에 숨막혀서 가출한 적이 있다.

간판 밖에 내 건 표지

 sign

目
9획
4급
볼 간

木
8획
5급
널빤지 판

看병: 어머니께서 며칠 동안 뜬눈으로 나를 看병하셨다.

게시板: 몇몇 아이들이 교실 게시板 앞에 모여서 무언가를 보고 있다.

지배 거느리고 모든 일을 시킴

rule, dominate

支
4획
4급II

지탱할 지

酉
10획
4급II

나눌 배/짝 배

支급: 택배 비용은 착불로
支급하겠습니다.

분配: 아버지는 형제들과 부모님의
유산을 공평하게 분配했다.

전망 앞날을 내다봄 / 멀리 보이는 경치

prospect;
view

尸
10획
5급II

펼 전

月
11획
5급II

바랄 망/보름 방

발展: 규칙적인 생활 습관은
자기 발展에 도움이 된다.

희望: 은미는 원지의 도움으로
위기에서 벗어나 희望을 되찾았다.

주어진 문장에 알맞은 한자를 〈보기〉에서 찾아 빈칸을 완성하세요.

〈보기〉 看 間 改 告 期 短 讀 無 書 善
束 收 申 約 長 停 罪 止 板 回

1. 가을은 [ ][ ] 의 계절이다.
독 　 서

2. 우리 부부는 관계 [ ][ ] 을 위하여 전문가의 도움을 받기로 했다.
개 　 선

3. 화려한 [ ][ ] 에 가게 이름을 새겼다.
간 　 판

4. 오후에 친구와 만나기로 한 [ ][ ] 을 깜빡 잊었다.
약 　 속

5. 이번 회의에서는 시설 이용과 관련해서 불편 사항 [ ][ ]
신 　 고
[ ][ ] 을 마련할 예정이다.
기 　 간

위험 안전하지 못함

danger

巳
6획
4급

위태할 위

ß
16획
4급

험할 험, 검소할 검

危태: 비뚤비뚤하게 쌓여진
돌탑이 危태로워 보인다.

보險: 위험에 대비하여 保險에
가입하는 게 좋겠다.

성실 정성스럽고 착실함

diligence

實

言
13획
4급Ⅱ

정성 성

宀
14획
5급Ⅱ

열매 실

誠의: 가게의 직원이 질문에
성심誠의껏 대답해 주었다.

實천: 결심을 했으면 實천에
옮기는 게 중요하다.

社	모일 사 부수 示 획 8획	神	귀신 신 부수 示 획 10획
術	재주 술 부수 行 획 11획	身	몸 신 부수 身 획 7획
始	비로소 시 부수 女 획 8획	弱	약할 약 부수 弓 획 10획
信	믿을 신 부수 亻 획 9획	藥	약 약 부수 艹 획 18획
新	새 신 부수 斤 획 13획	業	업 업 부수 木 획 13획

건물 땅 위에 세운 여러가지 건물

建 building 物

廴
9획
5급

세울 건

牛
8획
7급Ⅱ

물건 물

建축: 밀라노 대성당은 고딕 建축 양식을 보여 준다.

무용지物: 비가 너무 많이 오는 바람에 돗자리는 무용지物이 되었다.

취재 신문기사나 작품의 재료로 취함

取 cover 材

又
8획
4급Ⅱ

가질 취

木
7획
5급Ⅱ

재목 재

取득: 교수님은 외국에서 박사 학위를 取득하셨다.

교材: 수업에 필요한 교材를 인터넷으로 주문했다.

득점　점수를 얻음 또 그 점수

得　score　點

彳
11획
4급II

얻을 득

黑
17획
4급

점 점

得失: 어느 쪽이 나을지 여러 가지로
得失을 따져 보자.

장點: 이력서에 자신의 장點과 함께
단점을 솔직하게 써라.

훈련　가르쳐 익숙하게 함

訓　training　練

言
10획
6급

가르칠 훈

糸
15획
5급II

익힐 련(연)

교訓: 독서를 통하여 지식을 쌓고,
교訓을 얻는다.

練習: 練習을 실전처럼,
실전은 練習처럼 해라.

면세 세금을 면제함

tax-free, duty-free

儿
7획
3급Ⅱ

면할 면

禾
12획
4급Ⅱ

세금 세

免역: 스트레스가 심하면 免역 기능도 약화된다.

稅금: 국민이 내는 稅금은 정부의 예산으로 쓰인다.

증가 늘어남

increase, growth

土
15획
4급Ⅱ

더할 증, 겹칠 층

力
5획
5급

더할 가

급增: 인구 급增으로 인한 환경 파괴가 심각하다.

加열: 경기가 진행될수록 양 팀의 응원전도 더욱 加열되었다.

성적 이루어 놓은 결과

成 grade, record **績**

戈
6획
6급 II
이룰 성

糸
17획
4급
길쌈할 적

成취: 나는 변호사가 되겠다는 목적을 成취하기 위해 열심히 공부했다.

업績: 이순신 장군의 업績은 역사에 남아 전해지고 있다.

음악 소리에 의한 예술

音 music **樂**

音
9획
6급 II
소리 음

木
15획
6급 II
노래 **악**, 즐길 **락(낙)**

소音: 집 근처 공사장 소音 때문에 공부에 지장을 받고 있다.

희로애樂: 연기자의 표정에서 희로애樂이 생생하게 보인다.

價	값 가 부수 亻 획 15획	結	맺을 결, 상투 계 부수 糸 획 12획
客	손 객 부수 宀 획 9획	敬	공경 경 부수 攵 획 12획
格	격식 격 부수 木 획 10획	告	고할 고 부수 口 획 7획
見	볼 견 부수 見 획 7획	課	공부할 과/ 과정 과 부수 言 획 15획
決	결단할 결 부수 氵 획 7획	過	지날 과, 재앙 화 부수 辶 획 13획

기술 공예의 재주

技
skill,
technique

扌
7획
5급

재주 기

術

行
11획
6급Ⅱ

재주 술

장技: 장技 자랑에 나가기 전에 마지막으로 노래 연습을 했다.

心術: 너는 왜 아무 잘못도 없는 동생한테 心術을 내니?

미담 아름다운 행실에 대한 이야기

moving
story

談

羊
9획
6급

아름다울 미

言
15획
5급

말씀 담

팔방美인: 그 배우는 연기면 연기, 노래면 노래, 못하는 게 없는 팔방美인이다.

장談: 그는 우리를 배신할 사람이 아니라고 장談한다.

주어진 문장에 알맞은 한자를 〈보기〉에서 찾아 빈칸을 완성하세요.

〈보기〉 故 困 過 難 去 單 尾 生 授 純
安 額 業 容 易 靜 存 差 行 鄉

1. ☐☐ 의 일에 연연하지 말고, 현실에 충실하자.
   과 거

2. 교실에서 학생들이 열심히 ☐☐ 을 받고 있다.
   수 업

3. 할아버지께서는 ☐☐ 생각이 문득 떠오른다고 하셨다.
   고 향

4. 그 정치인은 기자의 질문에 대답하기 ☐☐ 해 보였다.
   곤 란

5. 집은 나에게 ☐☐ 과 휴식을 취할 수 있는 곳이다.
   안 정

소원 바라는 일

所

戶
8획
7급

wish,
hope

곳(일정한 곳이나 지역) **소**

願

頁
19획
5급

원할 **원**

所속: 내가 좋아하는 야구 선수는 所속 팀을 옮긴 후 간판 타자가 되었다.

願망: 헤어진 남자친구는 아직도 나를 願망하고 있다.

적극 능동적이고 긍정적인 자세

積

禾
16획
4급

active,
positive

쌓을 **적**

極

木
13획
4급II

극진할 **극**/다할 **극**

퇴積: 물이나 바람, 빙하에 의해 운반된 알갱이가 쌓여서 퇴積 지형을 만들어 낸다.

소極: 나는 매사에 소極적이다.

곤란 사정이 어려움

difficult, tough

難

口
7획
4급

곤할 곤

隹
19획
4급II

어려울 난

困境: 나는 친구의 도움으로
困境에서 벗어날 수 있었다.

비難: 서로 비難만 하는 것은
문제 해결에 도움이 되지 않는다.

안정 마음이 편안하고 고요함

peaceful, calm

宀
6획
7급II

편안 안

靑
16획
4급

고요할 정

不安: 내 동생은 수능 시험을 앞두고
不安에 떨고 있다.

진靜: 합격 소식에 너무 기뻐서
도저히 진靜을 할 수 없다.

수리 고장난 것을 고침

修 repair, fix 理

イ
10획
4급Ⅱ

닦을 수

王
11획
6급Ⅱ

다스릴 리(이)

보修: 나는 오래된 집을 살펴보면서 보修할 사항을 체크했다.

관理: 나도 건강 관理에 신경 써야 할 나이가 되었다.

판단 어떤 대상에 대해 일정한 기준에 따라 판정을 내림

判 judgment, decision 斷

刂
7획
4급

판단할 판

斤
18획
4급Ⅱ

끊을 단

심判: 한 선수는 경기 중에 심判에게 항의하다가 퇴장당했다.

중斷: 집안 형편이 나빠져서 학업을 중斷할 수밖에 없었다.

고향 태어난 고장

故　hometown　鄉

故
攵
9획
4급II
연고 고

鄉
阝
13획
4급II
시골 향

故장: 이어폰이 故장이 났는지 소리가 안 들린다.

귀鄕: 올해 추석도 귀鄕 인파로 인해 기차역이 붐볐다.

용이 아주 쉬움

 容　easy　易

容
宀
10획
4급II
얼굴 용

易
日
8획
4급
바꿀 역, 쉬울 이

내容: 이 책의 내容이 어려워서 여러 번 읽었다.

무易: 양국 간 무易 마찰이 발생하여 관계가 냉각되었다.

주어진 문장에 알맞은 한자를 〈보기〉에서 찾아 빈칸을 완성하세요.

〈보기〉 極 技 斷 談 得 樂 練 理 美 成
所 修 術 願 音 積 績 點 判 訓

1. 시험에서 좋은 ☐☐ 을 받아서 기분이 좋다.
　　　　　성　　적

2. 식당에서 잔잔한 ☐☐ 이 흐른다.
　　　　　음　　악

3. 우리 회사는 선진국의 유명한 기업과 ☐☐ 제휴를 맺었다.
　　　　　　　　　　　　　　　　기　　술

4. 감동적인 ☐☐ 이 우리의 가슴을 뭉클하게 한다.
　　　미　　담

5. 고된 ☐☐ 을 견뎌낸 끝에 실전에서 최고 ☐☐
　　　훈　　련　　　　　　　　　　　　　득　　점
하는데 성공했다.

미행 몰래 뒤를 쫓아감

尾 follow, tail, shadow 行

尸
7획
3급II
꼬리 미

行
6획
6급
다닐 행

구尾호: 꼬리가 아홉 개 달린
구尾호 이야기가 제일 무섭다.

선行: 나의 선行이 밝혀져서 주위 사
람들의 마음을 훈훈하게 만들었다.

단순 복잡치 않고 간단함

單 simple 純

口
12획
4급II
홀 단

糸
10획
4급II
순수할 순

單일: 우리 식당은 單일 메뉴인
칼국수만 판매한다.

純수: 동시를 읽으면 아이들의
純수한 마음을 엿볼 수 있다.

作	지을 **작** 부수 イ 획 7획	第	차례 **제** 부수 竹 획 11획
昨	어제 **작** 부수 日 획 9획	題	제목 **제** 부수 頁 획 18획
才	재주 **재** 부수 扌 획 3획	注	부을 **주** 부수 氵 획 8획
戰	싸움 **전** 부수 戈 획 16획	集	모을 **집** 부수 隹 획 12획
庭	뜰 **정** 부수 广 획 10획	窓	창 **창** 부수 穴 획 11획

존재 현존하고 있음

存
子
6획
4급
있을 존

existence, being

在
土
6획
6급
있을 재

保存: 역사적 유물은 잘 보存하고 관리하여야 한다.

潜在: 아동에게 잠在력을 일깨워줄 수 있는 교육이 필요하다.

차액 한 액수에서 다른 어떤 액수를 감한 나머지의 액수

差
工
10획
4급
다를 차

margin, difference

額
頁
18획
4급
이마 액

差이: 나는 가끔 부모님과 세대 差이를 느낀다.

금額: 여기 적힌 내 연봉은 성과급을 합산한 금額이다.

범죄 죄를 지음

犯 crime 罪

犭
5획
4급

범할 범

罒
13획
5급

허물 죄

犯행: 경찰이 犯행 현장에서
범인을 붙잡았다.

사罪: 범인은 피해자에게 한 번만
용서해 달라고 사罪했다.

병역 군인이 되어 복무하는 일

 military service

八
7획
5급Ⅱ

병사 병

彳
7획
3급Ⅱ

부릴 역

兵사: 행군을 하던 兵사들이 더위에
지쳐서 주저앉았다.

役할: 우리 반 친구들은 각자
맡은 바 役할에 최선을 다한다.

과거 | 지나간 때

過 past 去

辶
13획
5급II

지날 과, 재앙 화

사過: 나는 실수한 일에 대해서
진심으로 사過했다.

厶
5획
5급

갈 거

去래: 역 앞에서 중고 물품
去래를 하기로 했다.

수업 | 학업을 가르쳐 줌

授 lesson, class 業

扌
11획
4급II

줄 수

授여: 대회 우승자에게는 트로피와
상금을 授여한다.

木
13획
6급II

업 업

직業: 자신의 적성과 흥미를
고려하여 직業을 선택해야 한다.

결혼 남녀가 부부관계를 맺음

結 marriage, wedding 婚

糸
12획
5급Ⅱ

맺을 결

女
11획
4급

혼인할 혼

結과: 나는 실험 結과를 빠짐없이 기록했다.

이婚: 그들은 성격 차이로 결혼 생활 1년만에 이婚했다.

도매 물건을 도거리로 팔음

都 wholesale 賣

阝
12획
5급

도읍 도

貝
15획
5급

팔 매

수都권: 신도시가 늘어나면서 수都 권에 인구가 과하게 집중되고 있다.

賣진: 내가 사이트에 접속하자마자 콘서트 표는 賣진되었다.

向	향할 향 부수 口 획 6획		
號	이름 호/ 부르짖을 호 부수 虍 획 13획		
畫	그림 화, 그을 획 부수 田 획 12획		
黃	누를 황 부수 黃 획 12획		
訓	가르칠 훈 부수 言 획 10획		

교외 도시 주변의 들

郊 suburb 外

阝
9획
3급

들 교

夕
5획
8급

바깥 외

근郊: 주말에 서울 근교로 등산을 가자.

外식: 우리 가족들은 오랜만에 외식하기로 했다.

전문 한 가지 일을 전적으로 함

 specialty

寸
11획
4급

오로지 전

門
8획
8급

문 문

專용: 우리 시에서 자전거 전용 도로를 확대할 예정이다.

입門: 나는 골프에 입문한 지 1년 정도 되었다.

주어진 문장에 알맞은 한자를 〈보기〉에서 찾아 빈칸을 완성하세요.

〈보기〉 簡　屈　動　發　防　伏　復　拂　射　船
　　　　消　素　漁　移　長　支　被　害　靴　興

1. 헬스장에 등록비를 ☐☐ 하고 바로 운동을 시작했다.
　　　　　　　　　지　불

2. 나는 아침과 저녁은 ☐☐ 하게 차려 먹는다.
　　　　　　　　　간　소

3. 식사를 하고 나서 다음 장소로 ☐☐ 하겠습니다.
　　　　　　　　　이　동

4. 건조한 계절에는 산불로 인한 ☐☐ 가 크다.
　　　　　　　　　피　해

5. 어디서 큰 불이 났는지 ☐☐ 차 여러 대가 지나갔다.
　　　　　　　　　소　방

지도 가르쳐 이끎

guidance,
coaching,
instruction

扌
9획
4급II

가리킬 지

寸
16획
4급II

인도할 도

指휘: 오케스트라의 指휘는
누가 맡았는가?

導입: 우리 공장에 최첨단 기술을
導입하면 생산비를 절감할 수
있을 것이다.

양성 길러 냄

養 training 成

食
15획
5급II

기를 양

戈
6획
6급II

이룰 성

養육: 아이는 부모의 養육 방식에
많은 영향을 받는다.

완成: 오늘에야 겨우 보고서를
완成했다.

간소 간략하고 수수함

簡 simple 素

艹
18획
4급

대쪽 **간**/간략할 **간**

糸
10획
4급Ⅱ

본디 **소**/흴 **소**

簡단: 오늘 점심은 簡단하게 먹으려고 도시락을 싸왔다.

평素: 나는 평素와 달리 옷차림에 신경을 많이 썼다.

장화 목이 긴 가죽신이나 고무신

長 boots 靴

長
8획
8급

길 **장**/어른 **장**

革
13획
2급

신 **화**

長관: 長관은 나랏일을 맡아 처리하는 행정 각 부처의 우두머리이다.

실내靴: 교실에 들어갈 때는 실내靴로 갈아 신어야 한다.

초보 처음 배우는 단계

beginner, novice

刀
7획
5급

처음 초

止
7획
4급Ⅱ

걸음 보

初등학교: 조카는 내년에
初등학교에 들어간다.

도步: 우리 집에서 학교까지
도步로 10분 걸린다.

반도 삼면이 바다로 둘러싸인 육지

peninsula

十
5획
6급Ⅱ

반 반

山
10획
5급

섬 도

과半수: 전체 표의 과半수를 얻어야
대표로 당선될 수 있다.

무인島: 저기 아무도 살지 않는
무인島가 하나 있다.

피해 손해를 입음

被 damage 害

$\grave{\text{衤}}$
10획
3급II

입을 피

해할 해

宀
10획
5급II

被의자: 被의자는 자신이 결백함을 주장했다.

침害: 인간의 생명은 어느 누구도 침害할 수 없다.

어선 고기잡이 배

漁 fishing boat 船

$\grave{\text{氵}}$
14획
5급

고기 잡을 어

배 선

舟
11획
5급

漁부: 漁부들은 이른 새벽부터 바다로 나간다.

풍船: 아이들에게 풍船을 불어주니 엄청 좋아했다.

주어진 문장에 알맞은 한자를 〈보기〉에서 찾아 빈칸을 완성하세요.

〈보기〉 結 郊 導 島 都 賣 門 半 犯 兵
　　　　步 成 養 役 外 專 罪 指 初 婚

1. 나는 아직 기타 [　　][　　] 에서 벗어나지 못하고 있다.
　　　　　　　　초　　보

2. 물건을 [　　][　　] 로 사면 값이 훨씬 싸다.
　　　　도　　매

3. 나는 [　　][　　] 을 앞두고 마음이 설렌다.
　　　결　　혼

4. 청소년들의 [　　][　　] 가 날로 심각해지고 있다.
　　　　　　범　　죄

5. 정신 건강 증진을 위해 상담 및 심리 치료 [　　][　　] 인력
　　　　　　　　　　　　　　　　　　　　　전　　문
[　　][　　] 이 시급하다.
양　　성

지불 돈을 내어줌

支  payment 拂

支
4획
4급II

지탱할 지

扌
8획
3급II

떨칠 불

支지: 나는 학생들의 전폭적인 支지를 받아 전교회장이 되었다.

환拂: 구매 후 30일 이내에 환拂이 가능합니다.

소방 화재를 예방하고 불을 끔

消 firefighting 防

氵
10획
6급II

사라질 소

阝
7획
4급II

막을 방

消식: 유학 간 친구의 消식이 간혹 들려온다.

防어: 우리 팀은 상대 선수의 공격에 재빠른 防어를 했다.

154 / 365

한자 급수 시험 대비하기(6급Ⅱ)

清	맑을 청 부수 氵 획 11획	現	나타날 현 부수 王 획 11획
體	몸 체 부수 骨 획 23획	形	모양 형 부수 彡 획 7획
表	겉 표 부수 衣 획 8획	和	화할 화 부수 口 획 8획
風	바람 풍 부수 風 획 9획	會	모일 회 부수 曰 획 13획
幸	다행 행 부수 干 획 8획	勇	날랠 용 부수 力 획 9획

이동 옮기어 움직임

move, travel

禾
11획
4급Ⅱ

옮길 이

力
11획
7급Ⅱ

움직일 동

移전: 시내에 있던 버스 터미널이 변두리로 移전되었다.

動기: 우리 학교에 지원을 하게 된 動기가 무엇인가요?

부흥 어떤 일을 다시 일으킴

revival

彳
12획
4급Ⅱ

회복할 복, 다시 부

臼
16획
4급Ⅱ

일 흥

復활: 復활절에 예수의 부활을 상징하는 달걀을 주고받는다.

興행: 興행에 성공한 영화의 경우 책으로 출간되는 경우가 있다.

저축 절약해서 돈을 모음

saving

貝
12획
5급

쌓을 저

++
13획
4급II

모을 축

貯金: 동생은 용돈의 일부를
꼬박꼬박 은행에 貯金한다.

蓄積: 군것질을 많이 하면
체내에 지방이 蓄積된다.

역사 인간 사회의 변천 및 발전과정

history

止
16획
5급II

지날 력(역)

口
5획
5급II

사기 사

經歷: 그녀의 화려한 수상 經歷이
눈에 들어온다.

國史: 우리 학교는 國史 과목이
필수이다.

굴복 굽혀 복종함

surrender

尸
8획
4급

굽힐 굴

亻
6획
4급

엎드릴 복, 안을 부

비屈: 내 옆자리 동료는 상사에게 비屈하게 아부한다.

잠伏: 경찰들은 역 부근에서 한동안 잠伏근무했다.

발사 총이나 활을 쏨

launch, fire

射

癶
12획
6급Ⅱ

필 발

寸
10획
4급

쏠 사

백發백중: 주몽은 백發백중의 활솜씨로 주위를 놀라게 했다.

반射: 빌딩에 반射된 햇빛 때문에 눈을 뜰 수가 없다.

문장 생각이나 느낌을 적은 글월

 sentence

文
4획
7급

글월 문

立
11획
6급

글 장

文書: 급하게 작성한 文서라서 그런지 오타가 많다.

도章: 계약과 관련된 문서는 꼼꼼히 확인하고 도장을 찍어라.

설경 눈 내리는 경치

 snowscape 景

雨
11획
6급Ⅱ

눈 설

日
12획
5급

볕 경, 그림자 영

폭雪: 어제 내린 폭雪로 도로가 마비 상태이다.

景치: 景치가 좋은 곳은 관광지로 개발된다.

定	정할 정/이마 정 부수 宀 획 8획	太	클 태 부수 大 획 4획
朝	아침 조 부수 月 획 12획	通	통할 통 부수 辶 획 11획
族	겨레 족 부수 方 획 11획	特	특별할 특 부수 牛 획 10획
晝	낮 주 부수 日 획 11획	合	합할 합 부수 口 획 6획
親	친할 친 부수 見 획 16획	行	다닐 행 부수 行 획 6획

향기 좋은 느낌을 주는 냄새

香

scent,
fragrance

氣

香
9획
4급Ⅱ

향기 향

气
10획
7급Ⅱ

기운 기

香수: 스무 살 생일 선물로 香수와 장미꽃을 받았다.

氣후: 이상 氣후로 인해 농작물에 많은 피해가 발생한다.

착륙 비행기가 땅에 내림

着

landing

陸

目
12획
5급Ⅱ

붙을 착, 나타날 저

阝
11획
5급Ⅱ

뭍 륙(육)

연着: 폭설로 인해 기차가 연着되어 약속 시간에 늦었다.

陸지: 섬과 陸지를 잇는 다리 공사가 진행 중이다.

주어진 문장에 알맞은 한자를 〈보기〉에서 찾아 빈칸을 완성하세요.

〈보기〉 健 慶 更 求 談 當 利 滿 明 變
　　　 保 事 師 俗 勝 適 弟 足 證 請

1. 그 야구 선수는 팀 우승과 함께 최우수 선수에 오르는

   겹 ☐☐ 를 누렸다.
   　 경　사

2. 이 집은 방이 하나지만 혼자 살기에 ☐☐ 하다.
   　　　　　　　　　　　　　　　　　 적　당

3. 열 길 물속은 알아도 한 길 사람 속은 모른다는 ☐☐ 은
   틀린 말이 아니다.
   　　　　　　　　　　　　　　　　　 속　담

4. 나는 현실에 ☐☐ 하면서 산다.
   　　　　　　 만　족

5. ☐☐ 된 주소지를 등록해 주시기 바랍니다.
   　변　경

석차 성적 순위

席  次

巾
10획
6급

자리 석

ranking

欠
6획
4급Ⅱ

버금 차

참席: 급한 일이 생겨서 친구의 결혼식에 참席하지 못했다.

次례: 은행에서 대기 번호를 받고, 내 次례를 기다리고 있다.

진미 썩 좋은 음식의 맛

 味

王
9획
4급

보배 진

delicacy

口
8획
4급Ⅱ

맛 미

珍수성찬: 생일에 어머니께서 珍수성찬을 차려 주셨다.

취味: 내 취味는 낚시이다.

증명 증거로서 판단의 진위를 똑똑히 밝힘

proof, verification

言
19획
4급

증거 증

日
8획
6급II

밝을 명

신분證: 투표를 할 때는 반드시 신분證을 준비하세요.

발明: 언어는 인류의 가장 위대한 발明 중 하나이다.

경사 기쁜 일

great news

心
15획
4급II

경사 경

亅
8획
7급II

일 사

국慶일: 요즘 국慶일에 태극기를 걸어 놓는 집을 보기가 어렵다.

경조事: 나는 지인들의 경조事에 빠짐없이 참석한다.

상호 피차간, 서로

相 each other 互

目
9획
5급II

서로 상

二
4획
3급

서로 호

相扶相助: 농촌에는 이웃끼리 서로 돕는 相扶相助의 전통이 남아 있다.

互환: 내가 갖고 있는 기기는 다른 회사 제품과 互환이 가능하다.

근무 일에 종사함

勤 work 務

力
13획
4급

부지런할 근

力
11획
4급II

힘쓸 무

출勤: 다음날 출勤해야 해서 일찍 잠자리에 들었다.

임務: 군인들이 각자 맡은 임務를 충실히 수행하고 있다.

청구 달라고 요구함

claim, demand

言
15획
4급II

청할 청, 받을 정

氺
7획
4급II

구할 구

要請: 문제가 생기면 언제든지 나에게 도움을 要請해라.

求職: 언니는 대학 졸업 후 求職 활동을 하고 있다.

변경 바꾸어 고침

change, alteration

言
23획
5급II

변할 변

曰
7획
4급

고칠 경, 다시 갱

變身: 이 영화에서 유명한 배우들의 연기 變身을 확인할 수 있다.

更新: 나는 이번 올림픽 경기에서 세계 기록 更新을 목표로 한다.

주어진 문장에 알맞은 한자를 〈보기〉에서 찾아 빈칸을 완성하세요.

〈보기〉 景 勤 氣 歷 陸 務 文 味 史 相
席 雪 章 貯 珍 次 着 蓄 香 互

1. 세종대왕은 ☐☐ 에 길이 남을 업적을 이루었다.
　　　　　 역　사

2. 그가 탄 비행기가 방금 공항에 ☐☐ 했다.
　　　　　　　　　　　　　　　착　륙

3. 아침마다 사무실 안에는 진한 커피 ☐☐ 로 가득하다.
　　　　　　　　　　　　　　　　　향　기

4. 편집장은 내 글을 읽고 어색해 보이는 ☐☐ 몇 개를 고쳤다.
　　　　　　　　　　　　　　　　　　　문　장

5. 나는 야간 ☐☐ 중에 깜박 졸았다.
　　　　　근　무

보건 건강을 보전함

保

health care

健

亻
9획
4급Ⅱ

지킬 보

亻
11획
5급

굳셀 건

保管: 귀중품은 사물함에 保管하는 것이 좋겠다.

健全: 건강한 신체에 健全한 정신이 깃든다는 말이 있다.

만족 흡족함

滿

satisfaction

足

氵
14획
4급Ⅱ

찰 만

足
7획
7급Ⅱ

발 족

불滿: 나는 반장에게 불滿이 많지만 내색하지는 않는다.

풍足: 나는 어릴 때부터 물질적으로 풍足한 환경에서 자랐다.

用	쓸 용		
	부수 用 획 5획		
運	옮길 운		
	부수 辶 획 13획		
音	소리 음/그늘 음		
	부수 音 획 9획		
飮	마실 음		
	부수 飠 획 13획		
意	뜻 의		
	부수 心 획 13획		

승리 싸움에 이김

勝

victory, win

利

力
12획
6급

이길 승

刂
7획
6급II

이로울 리(이)

결勝: 우리 학교 핸드볼팀은 결勝에 올랐지만 우승은 하지 못했다.

利자: 은행의 利자가 비싸서 돈을 빌릴 수가 없었다.

적당 알맞음

適

fit, suitable

當

辶
15획
4급

맞을 적

田
13획
5급II

마땅 당

適용: 이번에 바뀐 교칙은 모든 학생에게 適용된다.

타當: 너의 주장이 수용되려면 타當한 근거를 제시해야 한다.

복종 남의 뜻에 따름

服 obedience 從

月
8획
6급

옷 복

彳
11획
4급

좇을 종

교服: 학생들이 교복을 입어야 하는 가에 대해 토론을 해 봅시다.

從속: 부모와 자녀 사이는 從속 관계가 아니다.

온도 따뜻한 도수

溫 temperature 度

氵
13획
6급

따뜻할 온

广
9획
6급

법도 도

溫천: 겨울에 가족들과 溫천이 있는 곳으로 여행을 갈 것이다.

태度: 나는 친구의 당당한 태度가 인상 깊었다.

속담 옛부터 전해오는 격언

 proverb

亻
9획
4급II

풍속 속

言
15획
5급

말씀 담

무俗: 무俗 신앙은 무당을 중심으로 전승된다.

농談: 나의 진지한 이야기를 농談으로 받아들이니 답답하다.

사제 스승과 제자

 teacher and pupil [student]

巾
10획
4급II

스승 사

弓
7획
8급

아우 제

의師: 내 동생의 꿈은 의師가 되는 것이다.

처弟: 아내와 처弟는 나이 차이가 많이 난다.

등급 | 신분이나 품질을 나누어 놓은 차례

class,
grade,
rating

⺮
12획
6급II

무리 등

糸
10획
6급

등급 급

평等: 모든 국민은
법 앞에 평等하다.

고級: 이 시계는
고級스러워 보인다.

통신 | 소식을 전함

communication

辶
11획
6급

통할 통

亻
9획
6급II

믿을 신

通과: 그들은 거의 동시에
결승선을 通과했다.

불信: 서로에 대한 오해와
불信을 없애고 화해하고 싶다.

園	동산 원 부수 囗 획 13획	衣	옷 의 부수 衣 획 6획
遠	멀 원 부수 辶 획 14획	醫	의원 의 부수 酉 획 18획
油	기름 유 부수 氵 획 8획	者	놈 자 부수 耂 획 9획
由	말미암을 유 부수 田 획 5획	章	글 장 부수 立 획 11획
銀	은 은 부수 金 획 14획	在	있을 재 부수 土 획 6획

신문 새로운 사실을 알려주는 인쇄물

新 newspaper 聞

斤
13획
6급 II

새 신

耳
14획
6급 II

들을 문

新선: 시장에 가서 新선한 제철 과일을 좀 사야겠다.

소聞: 나에 대한 근거 없는 소聞이 온 동네에 퍼지고 있다.

좌석 앉는 자리

座 seat 席

广
10획
4급

자리 좌

巾
10획
6급

자리 석

座우명: 성실을 座우명으로 삼아 열심히 공부한다.

결席: 나는 갑자기 배탈이 나는 바람에 학교를 결席하게 되었다.

주어진 문장에 알맞은 한자를 〈보기〉에서 찾아 빈칸을 완성하세요.

〈보기〉 設 探 格 思 拓 究 血 想 政 逢
　　　 府 骨 開 相 宗 恩 敎 肉 惠 計

1. 우리나라 헌법은 ☐☐ 의 자유를 보장한다.
　　　　　　　　　　종　교

2. 초등학생때부터 자신의 진로에 대한 ☐☐ 를 해 보는
것이 좋다.　　　　　　　　　　　　　　설　계

3. 나는 아버지의 ☐☐ 을 닮아 우람하다.
　　　　　　　골　격

4. 한국 기업들은 해외 시장 ☐☐ 에 열을 올린다.
　　　　　　　　　　　　개　척

5. 새 ☐☐ 는 중소 기업 육성 정책을 추진할 것이다.
　　　정　부

문제 해결해야 할 일

question, problem

口
11획
7급

물을 문

頁
18획
6급Ⅱ

제목 제

의問: 아직 당신이 범인이라는
의問이 풀리지 않았다.

題목: 이 책의 題목은 무엇인가요?

전달 전하여 이르게 함

delivery

達

亻
13획
5급Ⅱ

전할 전

辶
13획
4급Ⅱ

통달할 달

傳설: 할아버지는 나에게 종종
마을의 傳설을 이야기해 주셨다.

배達: 요즘은 배達 서비스를 안하는
가게가 거의 없을 정도다.

사상 생각, 의견

思
心
9획
5급
생각 사

thought, idea

想
心
13획
4급II
생각 상

思고방식: 낡은 思고방식을 가진 사람과 일하는 것은 힘들다.

망想: 노력하지 않고 성공할 것이라는 것은 망想에 불과하다.

탐구 파고 들어 깊이 연구함

探
扌
11획
4급
찾을 탐

research, study

究
穴
7획
4급II
연구할 구

염探: 경기 전 상대 선수가 우리의 작전을 염探하러 왔다.

연究: 교수님은 밤낮으로 연究에 몰두한다.

상식 보통의 지식, 평범한 생각

常 common sense 識

巾
11획
4급Ⅱ

떳떳할 상/항상 상

알 식

言
19획
5급Ⅱ

일常: 나는 바쁜 일常에서 벗어나고 싶다.

무識: 괜히 대화에 끼어들었다가 내 무識이 탄로 날까 봐 걱정된다.

충실 원만하고 성실함

充 faithfulness, devotion 實

儿
6획
5급Ⅱ

채울 충

열매 실

宀
14획
5급Ⅱ

充족: 우리가 원하는 조건을 充족하는 지원자가 없네요.

진實: 사건의 진實이 곧 드러날 것이다.

종교 절대자를 믿어 행복 등을 얻는 신앙

religion

宀
8획
4급II

마루 종

攵
11획
8급

가르칠 교

宗파: 한국 불교는 480개 이상의
宗파로 나뉘어져 있다.

教양: 독서를 통해 폭넓은
教양을 쌓을 수 있다.

설계 계획을 꾸밈

plan,
design

言
11획
4급II

베풀 설

言
9획
6급II

셀 계

건設: 당국은 어느 지역에 새로운
공항을 건設할지 검토 중이다.

통計: 논문을 위해 수집한 자료는
수량적으로 통計를 내야 한다.

주어진 문장에 알맞은 한자를 〈보기〉에서 찾아 빈칸을 완성하세요.

〈보기〉 級 達 度 等 問 聞 服 常 席 識
信 新 實 溫 傳 題 從 座 充 通

1. 실내 ☐☐ 를 25도 정도로 유지하는 게 좋다.
   온 도

2. 어제 일어난 도난 사건이 ☐☐ 1면에 실렸다.
   신 문

3. 나는 기차를 탈 때 통로 쪽 ☐☐ 을 선호한다.
   좌 석

4. 경비 아저씨가 나에게 우편물을 ☐☐ 해 주셨다.
   전 달

5. 이 ☐☐ 는 ☐☐ 으로 풀 수 있는 수준이다.
   문 제   상 식

혈육 자기가 낳은 자식

血
family
肉

血
6획
4급Ⅱ

肉
6획
4급Ⅱ

피 혈

고기 육

지血: 구조대원은 피가 흐르는 상처 부위를 붕대로 묶어서 지血했다.

근肉: 축구 선수가 다리에 힘을 주자 근肉이 두드러졌다.

상봉 서로 만남

相
reunion
逢

目
9획
5급Ⅱ

辶
11획
3급Ⅱ

서로 상

만날 봉

유유相종: 유유相종을 속담으로 표현하면 '가재는 게 편'이다.

逢변: 남의 싸움에 휘말려서 괜히 逢변만 당했다.

168 / 365
한자 급수 시험 대비하기(6급)

感	느낄 감	부수 心 획 13획	苦	쓸 고	부수 艹 획 8획
強	강할 강	부수 弓 획 11획	交	사귈 교	부수 亠 획 6획
開	열 개	부수 門 획 12획	區	구분할 구/지경 구	부수 匚 획 11획
京	서울 경	부수 亠 획 8획	郡	고을 군	부수 阝 획 10획
古	옛 고	부수 口 획 5획	根	뿌리 근	부수 木 획 10획

정부 행정부

政 government 府

攵
9획
4급Ⅱ

정사 정/칠 정

广
8획
4급Ⅱ

마을 부

행政: 우리 시는 행政 구역 개편으로 5개 동이 신설되었다.

학府: 나는 학府 과정을 이수한 후 모교 대학원에 지원할 예정이다.

골격 뼈의 조직, 뼈대

骨 frame, skeleton 格

骨
10획
4급

뼈 골

木
10획
4급Ⅱ

격식 격, 가지 각

骨절: 네 발목의 통증이 심해지면 骨절을 의심해 보아야 한다.

인格: 말은 그 사람의 인格이다.

고유 원래부터 있음

固 characteristic, inherent 有

口
8획
5급
굳을 고

月
6획
7급
있을 유

固集: 나는 固집이 세다.

有리: 나는 팔다리가 길어서 육상 종목에 有리하다.

기대 바라고 기다림

期 expectation 待

月
12획
5급
기약할 기

彳
9획
6급
기다릴 대

동期: 나는 대학 동期끼리 사이 좋게 지낸다.

초待: 새로 이사한 집에 친구들을 초待했다.

개척 황무지를 일구어 논밭을 만듦

開

門
12획
6급

열 개

pioneer

拓

扌
8획
3급Ⅱ

넓힐 척/주울 척

開최: 2018년 동계 올림픽은 강원도 평창에서 開최되었다.

간拓: 우리나라는 간拓 사업을 통해 국토를 활용하기도 한다.

은혜 베풀어 주는 혜택

恩

心
10획
4급Ⅱ

은혜 은

favor, grace

惠

心
12획
4급Ⅱ

은혜 혜

보恩: 보恩의 뜻으로 작은 선물을 준비했으니 받아주세요.

惠택: 회원 가입하면 어떤 惠택이 있나요?

도주 달아남

逃

escape, flee

走

辶
10획
4급

도망할 도

走
7획
4급Ⅱ

달릴 주

逃피: 용의자는 경찰의 수사망에서
벗어나기 위해 해외로 逃피했다.

질走: 차들이 도로 위를
질走하고 있다.

매매 팔고 사는 일

賣

dealing, trading

買

貝
15획
5급

팔 매

貝
12획
5급

살 매

판賣: 신상품 판賣가 부진하다.

구買: 나는 충동 구買한
운동 기구들을 중고 시장에 팔았다.

失	잃을 실 부수 大 획 5획	陽	볕 양 부수 阝 획 12획
愛	사랑 애 부수 心 획 13획	言	말씀 언 부수 言 획 7획
夜	밤 야 부수 夕 획 8획	永	길 영 부수 水 획 5획
野	들 야 부수 里 획 11획	英	꽃부리 영 부수 艹 획 8획
洋	큰 바다 양 부수 氵 획 9획	溫	따뜻할 온 부수 氵 획 13획

진보 차차 발달하여 나아감

 progress, advance

辶
12획
4급Ⅱ
나아갈 진

止
7획
4급Ⅱ
걸음 보

추進: 대통령은 개혁 정책을 강력하게 추進하고자 한다.

오십步백步: 너나 나나 그림 실력은 오십步백步 이다.

예민 감각이 날카로움

 keen, sensitive 敏

金
15획
3급
날카로울 예

攵
11획
3급
민첩할 민

銳리: 칼 끝이 銳리하다.

敏감: 학생들은 유행에 敏감하다.

주어진 문장에 알맞은 한자를 〈보기〉에서 찾아 빈칸을 완성하세요.

〈보기〉 公 記 勞 同 理 服 祀 手 申 洋
        完 園 祭 處 請 治 票 疲 筆 協

1. 이번 학기 장학금 ☐☐ 은 오늘까지 입니다.
   신   청

2. 날씨가 좋아서 친구랑 같이 ☐☐ 에 산책하러 갔다.
   공   원

3. 시간이 갈수록 ☐☐ 가 쌓인다.
   피   로

4. 새 컴퓨터인데도 ☐☐ 속도가 느리다.
   처   리

5. 담임 선생님 수업 시간에는 ☐☐ 를 꼼꼼하게 해야 해.
   필   기

의사 생각, 뜻

意 idea, mind 思

心
13획
6급Ⅱ
뜻 의

心
9획
5급
생각 사

주意: 수영장 이용 시 주意 사항을 확인하세요.

심思숙고: 우리는 심思숙고한 끝에 결정을 내렸다.

조약 문서에 의한 합의

條 treaty, pact 約

木
11획
4급
가지 조

糸
9획
5급Ⅱ
맺을 약

條건: 당신이 원하는 요구 條건을 모두 받아 주겠습니다.

約혼: 그들은 만난 지 3개월만에 約혼을 발표했다.

양복 : 서양식으로 만든 옷

洋

suit

服

シ
9획
6급

큰 바다 양

月
8획
6급

옷 복

서洋: 교회는 서洋 문물이
들어오는 창구였다.

정服: 나는 방학동안 영어 정服에
도전하려고 한다.

피로 : 정신이나 몸이 지친 상태

fatigue

勞

广
10획
4급

피곤할 피

力
12획
5급Ⅱ

일할 로(노)

疲곤: 재형이는 너무 疲곤해서
앉은 채로 깜빡 잠이 들었다.

勞동: 근로자들은 勞동의 대가로
임금을 받는다.

장사 기개와 골격이 굳센 사람

壯

strong man

士

士
7획
4급

장할 장

士
3획
5급 II

선비 사

건壯: 운동선수들은 대부분 체격이 건壯하다.

변호士: 이혼 소송을 위해 유능한 변호士를 선임했다.

면담 마주 앉아 이야기 함

面

interview

談

面
9획
7급

낯 면/밀가루 면

言
15획
5급

말씀 담

面접: 나는 그 대학의 서류 전형을 통과했는데 面접에서 떨어졌다.

상談: 약을 복용하기 전에 의사나 약사와 상談을 하시길 바랍니다.

협동 힘과 마음을 함께 합함

協

cooperation, collaboration

十
8획
4급II

화합할 협

口
6획
7급

한가지 동

協力: 조원 간 協력을 통해 어려운 과제를 해결했다.

同生: 나는 내 同생보다 키가 작다.

필기 기록함

 筆

take notes, write down, put down

記

竹
12획
5급II

붓 필

言
10획
7급II

기록할 기

명筆: 김정희는 조선시대 명필가로 유명하다.

記억: 어릴 적 일을 다 記억하고 있니?

주어진 문장에 알맞은 한자를 〈보기〉에서 찾아 빈칸을 완성하세요.

〈보기〉　期　談　待　逃　買　賣　面　固　敏　步
　　　　　士　思　約　銳　有　意　壯　條　走　進

1. ☐☐ 가 크면 실망도 큰 법이다.
   기　대

2. 사춘기에는 감수성이 한창 ☐☐ 해진다.
   예　민

3. 요즘은 경기가 좋아서 부동산 ☐☐ 가 활발하다.
   매　매

4. 한복에는 우리 민족 ☐☐ 의 멋이 담겨 있다.
   고　유

5. 사장과의 ☐☐ 을 통해 직원들의 ☐☐ 를 명확히 밝혔다.
   면　담　　　　의　사

수표 돈 대신에 사용되는 금액이 표시된 표

手
4획
7급II
손 수

check

示
11획
4급II
표 표

手단: 부모님을 설득시키기 위해 온갖 手단을 다 동원했다.

투票: 投票가 끝나고 출구조사 결과가 발표되었다.

제사 신령에게 음식으로 정성을 들이는 예절

示
11획
4급II
제사 제

ancestral rite

示
8획
3급II
제사 사

축祭: 여의도는 지금 벚꽃 축祭를 찾은 사람들로 북적인다.

고祀: 예로부터 하는 일이나 집이 잘 되게 해달라고 고祀를 지냈다.

近	가까울 근 부수 辶 획 8획	頭	머리 두 부수 頁 획 16획
級	등급 급 부수 糸 획 10획	例	법식 례(예) 부수 亻 획 8획
多	많을 다 부수 夕 획 6획	禮	예도 례(예) 부수 示 획 18획
待	기다릴 대 부수 彳 획 9획	路	길 로(노) 부수 𧾷 획 13획
度	법도 도 부수 广 획 9획	綠	푸를 록(녹) 부수 糸 획 14획

완치 완전히 나음

complete recovery

宀
7획
5급

완전할 완

氵
8획
4급Ⅱ

다스릴 치

完벽: 나는 完벽한
일 처리를 추구한다.

治료: 아버지께서는 퇴원하시고
집에서 治료 중이십니다.

공원 많은 사람의 휴식이나 유락을 위한 동산

park

八
4획
6급Ⅱ

공평할 공

囗
13획
6급

동산 원

주인公: 영화의 주인公이 남긴
명대사가 기억에 남는다.

유치園: 내 조카는 이제 유치園에
갈 나이가 되었다.

책임 도맡은 일

responsibility

貝
11획
5급Ⅱ
꾸짖을 책

イ
6획
5급Ⅱ
맡길 임/맞을 임

자責: 너무 비겁하게 행동한 것 같아 자責했다.

任명: 새로 任명된 총리는 성실함으로 모두에게 존경을 받았다.

안색 얼굴 빛

complexion

頁
18획
3급Ⅱ
낯 안

色
6획
7급
빛 색

동顔: 나는 서른이 넘었는데도 동顔이라 십 대로 보인다.

형형色色: 산 중턱에는 형형色色의 꽃들이 만발해 있다.

처리 처치하여 갈무리 함

處 handling, dealing **理**

虍
11획
4급II

곳 처

王
11획
6급II

다스릴 리(이)

상處: 나는 무릎에 난 상處를 꿰매야 했다.

정理: 봄이 오니 두꺼운 겨울 옷을 정理하자.

신청 신고하여 청함

申 application, request  **請**

田
5획
4급II

거듭 신

言
15획
4급II

청할 청, 받을 정

내申: 대학 진학을 위해 고등학교 내申 성적은 중요하다.

불請객: 봄의 불請객인 황사가 올해도 우리나라를 찾아왔다.

육교 도로나 철로 위로 건너갈 수 있게 만든 다리

陸 橋

pedestrian overpass

阝
11획
5급 Ⅱ

뭍 륙(육)

木
16획
5급

다리 교

陸상: 그 선수는 이번 세계 陸상 대회에서 신기록을 세웠다.

철橋: 내가 탄 기차는 이제 철橋만 건너면 서울역에 도착한다.

재차 두 번째, 또다시

again, one more

冂
6획
5급

두 재

欠
6획
4급 Ⅱ

버금 차

再발: 나는 병이 再발되어 다시 입원했다.

점次: 그는 수술 후에 점次 안정을 되찾아가고 있는 듯 보였다.

使	하여금 사/ 부릴 사 부수 亻 획 8획	孫	손자 손 부수 子 획 10획
死	죽을 사 부수 歹 획 6획	樹	나무 수 부수 木 획 16획
席	자리 석 부수 巾 획 10획	習	익힐 습 부수 羽 획 11획
石	돌 석 부수 石 획 5획	勝	이길 승 부수 力 획 12획
速	빠를 속 부수 辶 획 11획	式	법 식 부수 弋 획 6획

아역 어린이의 역할

兒   child actor [actress]   役

儿
8획
5급II

아이 아

彳
7획
3급II

부릴 역

미兒: 어린 시절 낯선 곳에서 길을 잃어 미兒가 될 뻔한 적이 있다.

징役: 검찰은 피고에게 징役 1년을 구형했다.

주야 낮과 밤

晝   day and night   夜

日
11획
6급

낮 주

夕
8획
6급

밤 야

晝경夜독: 이모는 晝경夜독으로 고등학교를 졸업했다.

심夜: 나는 가끔 할 일이 없는 밤에 혼자 심夜 영화를 보러 간다.

주어진 문장에 알맞은 한자를 〈보기〉에서 찾아 빈칸을 완성하세요.

〈보기〉 敬 量 列 禮 萬 味 發 非 常 序
　　　 歲 數 示 身 育 終 指 蟲 害 興

1. 진로를 정할 때 자신의 [　　|　　] 와 적성을 고려해야 한다.
　　　　　　　　　　　　　　흥　　미

2. 선수들은 금메달을 목에 걸고 태극기를 향해 [　　|　　] 를 하였다.
　　　　　　　　　　　　　　　　　　　　　　　　경　　례

3. 약은 의사나 약사의 [　　|　　] 에 따라 복용하세요.
　　　　　　　　　　　　지　　시

4. 영화의 주인공은 가난하지만 낙천적이고 머리가 [　　|　　] 하다.
　　　　　　　　　　　　　　　　　　　　　　　비　　상

5. 방문객이 많아 준비한 사은품의 [　　|　　] 이 부족하다.
　　　　　　　　　　　　　　　　수　　량

종류 가지수, 갈래

種

kind, sort, type

禾
14획
5급Ⅱ

씨 종

類

頁
19획
5급Ⅱ

무리 류(유)

접種: 겨울마다 독감 예방 주사를 접種하는 것이 좋다.

의類: 인터넷 쇼핑몰에서 파는 의類의 경우 반품 문의가 빈번하다.

음주 술을 마심

飮

drinking

食
13획
6급Ⅱ

마실 음

酒

酉
10획
4급

술 주

과飮: 과飮은 간 건강을 해치는 주요 원인이다.

酒류: 酒류 광고에는 당대 최고 인기 연예인들이 많이 나온다.

지시 가리켜서 보임

指  示

direction, instruction

扌
9획
4급Ⅱ
가리킬 지

示
5획
5급
보일 시

指적: 나는 수업 시간에 졸다가 선생님의 指적을 받았다.

전示: 새로 생길 박물관에는 200여 점의 문화재가 전示될 계획이다.

비상 심상치 않음

 常

unusual, extraordinary

非
8획
4급Ⅱ
아닐 비

巾
11획
4급Ⅱ
떳떳할 상

非행: 가출 청소년들의 非행이 계속해서 증가하고 있다.

이常: 작성한 답안지를 한 번 더 확인해 보고 이常이 없으면 제출하세요.

왕래 가고 옴

come-and-go

彳
8획
4급II

갈 왕

올 래(내)

人
8획
7급

往복: 서울에서 대구까지 往복으로 여덟 시간이 걸렸다.

來일: 오늘은 바빠서 안 될 것 같고 來일은 어때요?

고안 생각하여 의견을 냄

design

耂
6획
5급

생각할 고/살필 고

책상 안

木
10획
5급

참考: 공부할 때 참考할 수 있는 책을 추천해 주세요.

제案: 나의 제案에 대해서 아무런 반박이 없었다.

종신 죽을 때까지

for life

糸
11획
5급

마칠 종

身
7획
6급Ⅱ

몸 신

최終: 둘 다 실력이 비슷해서 최終 우승자를 예측하기가 어렵다.

身체: 학교에서 기본적인 身체검사를 실시한다.

해충 해로운 벌레

insect, pest

宀
10획
5급Ⅱ

해할 해

虫
18획
4급Ⅱ

벌레 충

방害: 공부에 방害가 되니까 제 방에서 나가 주세요.

곤蟲: 모기, 파리 등을 잡아먹는 잠자리는 사람에게 이로운 곤蟲이다.

주어진 문장에 알맞은 한자를 <보기>에서 찾아 빈칸을 완성하세요.

<보기> 考 橋 來 類 色 兒 案 顔 夜 役
　　　 往 陸 飲 任 再 種 晝 酒 次 責

1. 문제에 대한 ☐☐ 을 남에게 미루지 마라.
　　　　　　　　 책　 임

2. 이 카페에는 다양한 ☐☐ 의 디저트가 있다.
　　　　　　　　　　 종　 류

3. 나와 그녀는 친척 사이지만 ☐☐ 가 없다.
　　　　　　　　　　　　　 왕　 래

4. 좀 더 쉽고 편리한 방법을 ☐☐ 중이다.
　　　　　　　　　　　　 고　 안

5. 영주는 ☐☐ 로 쉬지 않고 공부해서 그런지 ☐☐
　　　　 주　 야　　　　　　　　　　　　 안　 색
이 좋지 않다.

발육 발달하여 크게 자람

growth

育

癶
12획
6급II

필 발

月
8획
7급

기를 육

發生: 건조한 날에 화재가 發생하지 않도록 주의하세요.

育아: 내년부터 남편이 育아 휴직을 내기로 하였다.

만세 행사 때 외치는 구호

hurrah,
cheer

歲

艹
12획
8급

일만 만

止
13획
5급II

해 세

萬수무강: 새해에 일출을 보며 조부 모님의 萬수무강을 기원했다.

연歲: 연歲가 많으신 할아버지의 건강이 걱정된다.

한자	뜻·음	부수·획	한자	뜻·음	부수·획
李	오얏 리(이)/ 성씨 리(이)	부수 木 획 7획	番	차례 번	부수 田 획 12획
目	눈 목	부수 目 획 5획	別	나눌 별	부수 刂 획 7획
米	쌀 미	부수 米 획 6획	病	병 병	부수 疒 획 10획
美	아름다울 미	부수 羊 획 9획	服	옷 복	부수 月 획 8획
朴	성씨 박/ 순박할 박	부수 木 획 6획	本	근본 본	부수 木 획 5획

수량 수효와 분량

數

quantity, amount

女
15획
7급

셈 수

量

里
12획
5급

헤아릴 량(양)

운數: 우리가 경기에서 이긴 것은 순전히 운數가 좋았기 때문이다.

질量: 이 음식에 함유된 단백질의 질量을 확인해 보자.

흥미 재미

興

interest

臼
16획
4급II

일 흥

味

口
8획
4급II

맛 미

즉興: 무대 위의 피아니스트는 즉興으로 연주하고 있다.

興味진진: 이 영화는 언제 봐도 興味진진하다.

경례 공경하는 뜻의 인사

敬   bow, salute   禮

攵
12획
5급Ⅱ

공경 경

示
18획
6급

예도 례(예)

공敬: 부모를 공敬하는 것은 자식의 도리이다.

禮절: 우리나라는 예로부터 禮절 교육을 중시한다.

서열 차례로 늘어섬

 序   rank, grade   列

广
7획
5급

차례 서

刂
6획
4급Ⅱ

벌일 렬(열), 동류 례(예)

序론: 序론, 본론, 결론의 순서에 맞추어 짜임새 있게 글을 써라.

나列: 출석부의 이름은 번호 순서대로 나列되어 있다.